JN409392

어머, 한국말 하시네요

정동순 수필집

수필과비평사

| 책을 펴내며 |

곤충은 더 성장하기 위해 허물을 벗는다.
이 책은 한없이 부족하고 어리석은 나의 허물이다.

2018년 겨울

정동순

차례

1부

어디만큼 왔니

2부

벨뷰 도서관의 풍경

3부

쓰담쓰담

4부

포세이돈과 벌새

5부

소확행

1부

어디만큼 왔니

어디만큼 왔니?

특별한 일이 있는 것도 아닌데 잠을 이루지 못하는 날이 있다. 밤새 뒤척이다 결국 작은아이의 통학버스를 놓치고 말았다. 부스스한 모습으로 아이를 학교까지 데려다 줘야 했다. 하차 구역엔 차들이 밀려 있었다. 아이를 내려줬는데도 앞차가 출발하지 않기에 무심코 아이의 뒷모습을 바라보았다. 아이는 책가방을 메고 교실 쪽으로 터벅터벅 걸어가고 있었다. 이건 또 무슨 경우인가? 순간 알 수 없는 이유로 눈물이 쏟아질 것 같았다. 멀어져 가는 아이의 뒷모습을 따라 어떤 애틋한 시간의 한 지점이 스쳐 지나가고 있었다.

마음의 갈피를 잡지 못하고 울고 싶을 때마다 가는 곳이 있다. 동네에서 가까운 공원묘지이다. 태평양이 있는 서쪽 하늘을 향해 자리 잡은 '해넘이 추모공원'이다. 언덕 위에 자리 잡아 전망이 좋다. 한때는 이곳이 한적한 곳이었겠지만 지금은 마을로 둘러싸여 있어서, 묘지인지 공원인지 입구에서는 분간이 안 된다. 사계절 푸르게 잘 가꾸어진 잔디와 잘 자란 나무들이 넓은 묘역을 감싸주고 있다.

차를 주차하고 묘역으로 걸어갔다. 하얀 푸들을 데리고 산책하는 아주머니가 지나갔다. 표정이 밝았다. 그곳이 정해진 산책로인 것 같았다. 묘지는 몇 구역으로 나뉘어 있다. 한쪽의 묘지들은 울타리로 둘러싸였다. 널찍하게 자리를 차지하고 번쩍이는 대리석으로 치장된 묘비엔 망자의 업적과 사진까지 음각되어 있다. '어디 어디 대학을 졸업하고 무슨 박사학위를 따고, 무엇을 했고 자손은 누가 있다.' 빈손으로 왔다가 빈손으로 간다는 말은 틀렸지 싶다.

묘지의 부촌을 지나 천천히 걸으며 묘비에 적힌 사연들을 읽었다. '우리는 너를 영원히 사랑한단다.' 아가, 너는 겨우 다섯 해를 살다 갔구나. 그 앞에는 곰돌이 인형과 시들지 않은 꽃이 놓여 있다. 어린 자식을 보낸 어미의 슬픔이 아직도 묘비를 가득 채우고 있었다. 산 사람들은 결코 아이를 놓아주지 못하리라.

다른 한 묘비에는 두 남녀의 사진이 새겨져 있다. 파티에 같이 다녀오다 교통사고라도 난 것일까? 열여덟의 나이에 같은 날 나란히 손잡고 떠났다. 어쩌면 무덤은 죽은 자의 것이 아니라 살아있는 이들을 위한 것인지도 모른다. 이 세상의 모든 일도 죽음 앞에선 모두 침묵하리라. 그러나 이렇게 묘지석을 세워 망자와의 행복을 기어이 기억하는 것도 살아있는 사람들의 일이 아닌가?

추모공원의 대리석 촌을 지나 일반 묘역으로 발걸음을 옮겼다. 일반 묘지에는 종이 한 장 크기의 묘지석만 땅에 박혀 있다. 이민자들의 나라답게 묘지에도 여러 나라 말이 이웃을 이루고 있다. 〈어머니 ○○○〉 한글로 이름과 생몰연도가 새겨져 있다. 어느 낯선 한국 사람의 묘지석 앞에서 나는 참았던 눈물을 기어이 터뜨리고 말았다. 세월이 흘러간 후에 나의 묘비명도 이러하리라. 나는 어디서 흘러와서 노을이 애타게 불타는 태평양을 건너다보며 이렇게 누워 있는 것일까? 바람소리를 따라 소리내 울었다. 누가 보았다면 그 묘지의 주인을 생각하며 슬피 우는 줄 알았을 것이다. 무슨 상관이랴, 실컷 울었다. 그리고 나서 언제 그랬냐는 듯 시치미를 뚝 떼고 공원묘지를 나섰다.

해님이 공원묘지에 다녀온 날 저녁, 산책길에 작은아이를 등에 업었다. "규원아, 우리 '어디만큼 왔니' 놀이할까? 규원이가 어디만큼 왔니? 물으면 엄마가 대답하는 거야." 등에 업힌 아이는 신이 나서 묻는다.

어디만큼 왔니? 미국까지 왔다. 어디만큼 왔니? 쉰 고개 왔다. 어디만큼 왔니? 레이크힐스에 왔다. 어디만큼 왔니? …

한참 자라는 여덟 살 아이의 엉덩이는 무거웠다. 아이를 내려놓고 허리를 폈다. 가로등 아래 잔디밭엔 노란 민들레들이 목을 뽑고 앉아 있었다. 잔디와 당당히 겨루고 앉아 있는 민들레들, 그 주변으로 보랏빛 라일락 향기가 가득했다. 민들레는 마치 살아있음은 이런 거다, 말하는 것 같았다. 그래, 저 민들레처럼 살아 봐야겠다. 도로엔 차들이 전조등을 켜고 부지런히 집으로 가고, 마을의 불빛이 정다웠다.

동순 씨

비가 그치고 따사로운 햇살이 퍼졌다. 모든 일을 제쳐놓고 텃밭으로 나갔다. 기다리던 텃밭 농사철이 시작된 것이다. 겨우내 내버려 두었던 잡초부터 정리한다. 텃밭을 가꾸는 일은 흙을 만지는 일에서부터 시작된다. 땅을 깊숙이 파서 거름과 흙이 골고루 잘 섞이도록 하고 잔돌도 골라낸다. 아직 생흙 그대로인 땅에는 원두커피를 걸러낸 가루를 얻어다 거름으로 넣기도 하고, 정성 들여 직접 만든 퇴비도 듬뿍 섞어 준다. 태교를 하는 엄마의 마음이 이럴까? 흙을 만질 때, 흙의 품에서 씨앗들이 잘 자라길 바라는 마음이 간절하다.

씨앗 상자를 꺼내어 지난해 갈무리해 둔 씨앗들을 다시 확인해 본다. 씨앗들도 사람들처럼 개성이 있다. 농가의 두꺼운 솜이불 덮듯 깊은 땅을 좋아하는 씨앗, 명주 이불 덮듯이 얇은 땅을 좋아하는 씨들도 있다. 아주 작은 씨에서는 작은 싹이 나오고, 크고 길쭉한 씨에서는 도톰하고 넓은 떡잎이 나온다. 숯보다 까만 부추 씨와 파 씨는 그 각진 모양처럼 가늘고 긴 잎이 각이 져서 올라오다 좀 커야 허리가 쭉 펴진다. 고향이 산속인 더덕 씨는 작은 날개를 달고 바람에 날려 가기를 소망하면서 익었을 것이다. 작으면서도 윤기 도는 까만 도라지 씨는 근처에 형제들끼리 무리지어 자라길 꿈꾸었을 것이다. 잡초의 씨일수록 눈에 잘 띄지 않게 아주 작은 경우가 많다. 종족 보존을 위한 나름의 전략일 것이다.

우리는 씨를 땅에 묻는다고 하지 않고 심는다고 말한다. 그것은 생명이 나온다는 믿음에서 비롯된 말이다. 잘 갈무리해둔 씨들은 그늘지고 건조한 곳에서 말없이 지내다가, 봄 햇살을 받은 땅의 온기가 품어주면 기운차게 생명을 틔운다. 작은 씨앗들이 어떻게 제가 나올 때를 알고 싹을 틔우는지 기특하다. 하지만 때를 잘못 맞추는 경우도 더러 본다. 너무 일찍 싹이 나 꽃샘추위에 얼어 죽거나, 무더운 계절에 싹이 나 웃자라서 성급하게 꽃을 피우기도 한다. 봄에 싹이 터서 자라야 할 씨가 가을에 땅에 떨어지면 싹은 나지만 곧 얼어 죽는다. 반대로 보리처럼 가을에 심어야 하는 씨를 봄에 심으면 열매를 맺지 않는다. 씨앗에게도 때를 기다릴 줄 알아야 한다는 덕목이 있다.

제때 씨를 심는다고 해서 다 싹이 나서 자라는 것도 아니다. 지난

해는 도라지 싹이 하나도 나지 않더니, 올해는 들깨 싹이 하나도 나지 않았다. 너무 깊게 심었던 탓일까? 씨에 문제가 있었던 것일까? 땅이 기름지지 않아서일까? 감감무소식인 씨를 두고 조바심에 몸살을 앓았다. 고민해 보았지만 싹이 나지 않은 원인이 무엇인지 알 수가 없었다. 세상일이 노력한다고 해서 다 마음대로 되는 것이 아니듯 말이다. 그렇다고 너무 좌절할 일은 아니다. 올해 어떤 씨가 싹트지 않았다고 해서 내년에도 싹이 트지 않는 것은 아닐 것이다. 날씨가 너무 춥거나 비가 너무 오거나 하는 자연현상은 씨앗들도 어쩔 수 없을 것이다. 농사를 짓다 보면 주어진 조건이나 노력 외에도 식물의 성장에 결정적 영향을 주는 변수가 생긴다. 이런 뜻밖의 통제할 수 없는 상황을 통해 인간의 능력의 한계를 생각하고 그것을 받아들이는 겸손함을 배우기도 한다.

텃밭에는 심지 않은 씨들도 자란다. 한 번은 이상한 식물이 텃밭에서 자라기 시작했다. 뽑아 버리기에는 싹이 나오는 폼이 예사롭지 않았다. 무슨 식물인지 궁금했다. 좀 더 자라는 걸 지켜보니 땅콩이었다. 다람쥐가 숨겨놓은 땅콩이 싹이 터서 자란 것이 틀림없었다. 농사를 지을 줄 아는 참 영리한 다람쥐라고 가족들 모두 웃었다. 그리고 그 땅콩은 다람쥐 것이라고 아무도 손대지 않았음은 물론이다.

민들레나 쇠비름 같은 잡초는 불청객이지만 텃밭에 더 관심을 기울이게 하는 처방약 같은 식물이다. 텃밭에 대한 관심이 며칠 소홀

한 구석이 있으면 잡초가 쑥쑥 자라나 알려주기 때문이다. 또한, 척박한 땅에 맨처음 발을 디뎌 다른 식물들이 자랄 틈을 열어주는 것도 잡초이다. 불편해도 적당히 어울려 살아야 하는 존재이다.

잘 갈무리해 둔 씨를 농사철이 되어 나누어 주는 재미도 쏠쏠하다. 그리고 내게 없는 구하기 어려운 씨를 얻게 될 때는 무엇보다 즐겁다. 친구로부터는 더덕 씨를 얻고 부추 씨를 나누어 주었다. 문인들이 모이는 월례회에서는 봉숭아 씨를 나누었더니 쑥 모종을 얻게 되었다. 그 쑥이 잘 자랐다. 어느 분께 쑥을 드렸더니, 그분이 친구 집에서 머위 모종을 얻어다 주셨다.

내가 나누어준 식물이 어느 집에 가서 잘 자라고 그로 인해 흐뭇하게 나를 기억하는 사람이 있다는 것은 얼마나 기쁜 일인가. 텃밭 가꾸기는 이렇듯 수확물을 나누고 새로운 식물을 얻어 재배하는 재미와 함께 사람과 사람을 잇는 친교의 구실도 한다.

텃밭을 삽으로 파다가, '씨!' 라고 발음해 본다. 씨라는 말에서 나의 근원을 생각해 본다. 동순 씨! 어디에서 날아온 씨앗이었는가? 그녀는 낯선 미국 땅에 뿌리를 내렸다. 이 땅에서 아름다운 꽃을 피우기를 소망한다.

노라 포인트 언덕에 핀 야생화

노라 포인트(Nora Point)는 우리 동네를 감싸고 있는 야트막한 언덕이다. 하지만 해발고도는 높아 나무들은 키가 작고 건조한 곳에서 잘 자라는 식물을 많이 볼 수 있다. 사방이 확 트여 만년설로 덮인 파익스 피크(Pikes Peak)를 올려다보기에도 좋다. 오월, 노라 포인트 언덕에는 선인장꽃과 갖가지 야생화가 한창이다. 메마른 언덕이 일순 갖가지 색실로 꽃수를 놓은 듯 화려하다. 시기를 놓치지 않고 꿀을 모으는 벌과 개미들처럼 나도 야생화를 보러 부지런히 발걸음을 내딛는다.

인디언 페인트 브러쉬는 짙은 주황색 꽃으로 멀리서도 사람들의 시선을 사로잡는다. 독한 가시 잎을 달고 있는 엉겅퀴도 예쁜 보라색 꽃을 피운다. 좀더 걸으면 화려한 선인장 군락이 나타난다. 선인장은 공처럼 둥그런 것, 손바닥 모양을 한 것, 기둥 모양을 한 것 등 여러 종류다. 억센 가시와는 달리 선인장 꽃잎은 너무나 보드랍다. 노란 꽃, 빨간 꽃, 자주색 꽃, 모두 화려한 원색이다. 개미와 벌들도 부지런히 오간다.

누가 신선의 손바닥이란 이름을 주었을까? 선인장仙人掌은 잎을 내지 않는다. 우리가 보는 것은 줄기다. 새 가지가 날 때 보면, 선인장은 도톰하고 어린 애순이 먼저 나와 가시가 날 자리를 만들어 준다. 자라면서 애순이 떨어지고 그 자리에 가시가 생긴다. 제아무리 억센 가시라도 시작부터 강할 수는 없다. 가시 잎으로 인해 숨구멍이 매우 작고, 몸에 많은 물을 저장해 두니, 식물의 생존에 필수적인 물이 부족해도 거뜬히 살아간다. 건조한 기후에 적합하게 자신의 몸을 최적화시켰다. 주변 환경이 메말라도 당당하게 견디어 이렇게 예쁜 꽃을 피우는 선인장이 한없이 경이롭다.

푸른 하늘에 한 줄기 비행운이 놓여 있다. 비행기가 지나간 길이다. 비행기를 자주 볼 수 없었던 어린 날, 비행기를 타고 멀리 가는 것을 동경했다. 동화책에서처럼 누군가를 먼 나라로 데려다줄 비행기였다. 지금 나는 그 시절로부터 멀리 와 있다. 홀연히 부는 바람에 꽃씨 날리듯 이 낯선 땅에 있다. 비행기가 나를 내려놓은 곳은 동화나라가 아니다. 사막같이 건조하고, 늘 콧속이 마르고 살갗엔 비늘이 일어난다.

대학생 때, 배낭여행을 가기 위해 영어학원에 다녔다. 새벽시간대라 낮에 시간을 낼 수 없는 직장인들이 많았다. 나는 어휘력이 부족하여 엉뚱한 문장을 말할 때가 많았다. 그래도 말할 기회가 있으면 창피를 무릅쓰고 열심히 도전했다. 그때 연세 드신 어떤 분이 나에게 말했다.

"너는 사막에 혼자 떨어져도 살아남겠다!"

그때는 칭찬인지 핀잔인지 몰랐던 이 말이 내가 어려움에 처할 때 마음을 붙들어 주곤 한다. 사막에 떨어진 아이. 지금이 나에겐 사막을 건너는 시기인지도 모르겠다. 막 시작한 이민 생활에 직장도 없고, 주머니 사정도 넉넉하지 않다. 이것저것 모르는 것이 너무 많다. 늘 긴장의 연속이다. 밖에 나가 사람들을 만나면 대화가 잘 통하지 않아 바보 같다. 무엇을 하며 살아야 할지 다가올 미래는 불확실하다.

언덕 아래로 석탄을 실은 기차가 남쪽으로 철커덕철커덕 오랫동안 지나간다. 꽃들이 바람에 흔들린다. 하염없이 핀 야생화, 선인장꽃, 유카꽃 사이로 다시 걷는다.

노라 포인트 언덕에선 건조한 환경에서도 모든 풀이 사이좋게 필요한 공간을 나눈다. 때가 되니 이렇게 화려하게 꽃이 핀다. 누가 더 예쁘고 더 귀할 것도 없이 주어진 개성대로 꽃을 피우고 씨를 맺는다. 그런데 살펴보면 같은 토양에서 같은 공기를 마시며 자라는 한 그루의 야생화도 일찍 피는 꽃이 있고, 뒤늦게 느릿느릿 피는 꽃도 있다. 하지만 일찍 핀 꽃, 나중 핀 꽃 다 귀하다. 들에 핀 이름 모를 한 송이 꽃도 이러한데 하물며 사람의 일임에랴!

로키산맥의 최고봉인 파익스 피크가 만년설에 덮여 나를 내려다본다. 노라 포인트* 언덕을 내려오며 묻는다. 신이 나를 이렇게 멀고 먼 낯선 땅, 콜로라도까지 오게 한 것은 나에게 무슨 소명을 주시려 한 것일까?

* 노라 포인트: 이민 초기에 잠시 살았던 콜로라도 스프링스에 있는 언덕.

워싱턴호湖 선유기船遊記

시애틀은 인구 70만 정도의 도시다. 외지인에게 시애틀에서 산다고 말할 때는 대개 주변의 작은 도시를 포함한다. 내가 사는 벨뷰(Bellevue)도 시애틀 도심에서 20분이 채 안 되는 거리지만 워싱턴 호수를 경계로 행정구역은 다르다.

워싱턴 호수에는 시애틀을 동쪽으로 연결하는 520 다리가 있다. 다리 북쪽으로 워싱턴 대학교가 있고, 풋볼팀인 허스키의 스타디움이 한 쌍의 오리가 마주 앉은 모습으로 자리하고 있다. 다리 남쪽 수변에는 아름다운 워싱턴 수목원이 있다.

다리를 건너다 보면, 유람선과 요트들이 부지런히 호수를 오가고, 여름철엔 다리의 주변으로 작은 배를 저어 다니는 사람들도 심심치 않게 보인다.

허스키 경기장 아래에 노 젓는 배와 카누를 빌려주는 곳이 있었다. 우리 가족도 배를 타 보기로 했다. 노를 젓는 4인용 배를 빌려 다리 남쪽 수목원까지 가기로 했다.

탁 트인 호수는 물살도 크게 출렁였다. 커다란 유람선이며, 화려하고 잘생긴 요트들이 줄지어 오갔다. 웃통을 벗은 구릿빛 남자들과 비키니를 입은 젊은 여자들이 뱃전에서 햇빛과 바람에 몸을 맡기며 위풍당당하게 우리 앞을 지나갔다. 웬만한 집보다 비싸다는 요트들의 위용 앞에, 우리 배는 너무 작아서 그들이 만드는 물살에 묻혀 버릴 것만 같았다.

다리 위를 지나며 보는 호수는 늘 여유롭고 아름답기만 했다. 그런데 이제 말 그대로 일엽편주一葉片舟, 출렁이는 물결에 두려운 마음이 앞섰다. 게다가 진행 방향에서 돌아앉아 있는 남편은 노를 젓는 것이 서툴렀다. 배가 방향을 잃고 빙그르르 돌았다. 노를 젓는 것이 만만치 않아 보였다. 사서 고생하고 있다는 생각이 들었다.

남편은 큰 보트들이 다 우리를 비켜 갈 것이라고 우리를 안심시키며 삐걱삐걱 열심히 노를 저었다. 안간힘을 다해 노를 젓는 남편의 등 뒤로 몇 척의 배가 비켜 갔다. 드디어 물살에 착 붙은 배가 처음보다는 순하게 나갔다. 마침내 노를 젓는 소리도 편안하게 들렸다.

길게 뻗은 다리가 끝나는 다른 쪽 멀리, 빌 게이츠를 비롯한 큰

부호들이 산다는 호숫가의 저택들이 보였다. 사람들이 부러워하는 저택들도 장난감을 늘어놓은 듯 작아 보였다. 다리를 건너는 차들도 그저 작고 분주한 개미처럼 조용히 오갔다.

마침내 큰 물길을 무사히 건너 수목원 쪽에 다다르자 노를 멈추었다. 연꽃 사이로 난 뱃길에서 보는 수목원의 나무들, 부들, 갈대 수풀이 더없이 아름다웠다. 아직 솜털이 가득한 어린 오리 떼들은 어미를 따라 줄지어 떠다니고, 어디서 떠밀려와 삭은 나무 밑동에는 자라 두어 마리가 올라앉아 오후의 햇볕에 등딱지를 말리고 있었다. 하늘은 한없이 푸르고 바람도 맑았다.

고생 끝에 얻은 아름다운 풍경과 작별하고, 선착장에 배를 반납하기 위해 다시 물길을 건너야 했다. 이번에는 일어서서 손을 뻗으면 교량에 닿을 듯이 낮아지는 520 다리 밑으로 들어가고 있었다. 세상에 어쩌자고! 교각의 틈에 작지만 뭔가 초록색의 식물이 자라고 있었다. 두 손바닥을 펼친 크기의 앙증맞은 풀고사리였다.

머리 위로는 자동차 소리가 휙휙거렸다. 직사광선을 받을 수 있는 위치도 아니었다. 원래 콘크리트 교각 틈에는 한 줌 흙도 없었을 것이다. 이끼들이 먼저 만들어 놓은 작은 틈에 풀고사리가 자리를 잡았나 보다. 다리 밑에서 물이 반사하는 빛을 받아먹으며 거꾸로 자라고 있었다.

바로 지척에는 기름진 땅에서 극진한 보살핌을 받으며 자라는 식물들이 가득한 수목원이다. 거기에선 작은 풀 한 포기도 기품 있고 서로 아름답게 조화를 이룬다. 그런데 교각의 풀고사리는 뿌리 내릴 변변한 흙도 없이 반사광에 의지하여 위태롭게 목숨을 부지하고 있다. 풀고사리야, 너는 어쩌자고 이런 말도 안 되는 곳에서 싹을 틔운 것이니?

'재능이나 환경이 잘 갖추어지지 않았어도, 주어진 것에 감사하며 최선을 다해 살아봐요. 저 같은 작은 식물도 이렇게 치열하게 생을 살아내고 있잖아요.'

물결이 일렁일 때마다 부지런히 햇살을 모으는 듯 풀고사리 잎이 진했다.

배를 반납하고, 우리는 지친 몸을 뉠 집으로 돌아왔다. 배를 탄 것은 두 시간이었지만 굉장히 긴 시간이 흐른 듯하다. 나는 가슴에 품어 온 풀고사리를 뒷마당의 넓은 곳에 내려 주었다. 지금쯤 호수에도 편안한 어둠이 내렸을 것이다.

한국 쥐와 미국 쥐

초저녁부터 하늘 가득 하얀 나비들이 나풀거리더니, 세상이 은빛으로 변했다. 눈이 그치자 한밤중인데도 보름달이라도 뜬 것처럼 밖이 환했다. 창밖에서 들리는 소음에 선잠을 깼다.

"헤이! 키디, 키디."

옆집 주디가 고양이들을 부르는 소리였다. 다시 잠을 청하기가 어려웠다. 주디는 여러 가지로 달갑지 않은 이웃이다.

아침에 정원의 나무들을 살피러 나갔다. 미리 잎을 떨군 나무들은 편안하게 눈옷을 입고 우아한 자태를 뽐내고 있었다. 측백나무나 캘리포니아 라일락 등은 눈의 무게로 가지가 휘어 위태위태했다. 조심스럽게 가지를 흔들어 눈을 털어내었다. 몇 해 전에는 눈이 내렸을 때, 둥그렇게 폼나던 측백나무의 중간 가지가 부러져 속상했다.

옆집에 사는 주디도 뭔가를 하러 밖으로 나왔다. 가능하면 마주치고 싶지 않았다. 그러나 주디는 내 바람과는 다르게 눈을 밟고 성큼성큼 내게 다가왔다. 대뜸 저기 좀 보라, 했다. 그 집 차고에서 우리 집 뒤뜰에 있는 연장 창고 쪽으로 작은 발자국이 난 것이 보였다. 쥐의 발자국이라고 했다. 틀림없이 우리 집 창고에 쥐가 사는 모양이라고 단언했다. 그리고 쥐를 없앨 특단의 조치를 취하라고 했다. 갑작스럽게 주디의 일방적인 훈시를 듣고 집에 들어와서 생각하니 황당하고 분한 생각이 들었다.

주디는 차고를 잡동사니를 넣어두는 창고로 쓰고 있었다. 쥐들이 그 집 차고에 살면서 우리 창고에도 들어올 수 있는 것 아닌가! 그 집에는 고양이도 두 마리나 있는데, 소파에 앉아서 텔레비전이나 보는지 뒤룩뒤룩 살만 쪘다. 이제는 몸이 무거워 제구실도 못하는 모양이다. 주디 집의 고양이들은 담 너머 우리 집에 와서 번번이 볼일을 보고 갔다. '실례' 값을 하려면 쥐라도 얼씬 못 하게 해야지, 슬금슬금 그 고양이들까지도 미웠다.

아무튼, 우리 집 뒤뜰의 연장창고를 뒤져보니 쥐가 갉아 먹고 남은 초콜릿 껍질 같은 것들의 흔적이 나왔다. 억울했다. 우리는 이런 초콜릿을 먹은 적도 없는데, 쥐가 남긴 흔적을 쓸어내며 중얼거렸다. 우리 쪽에서도 무엇인가 조치를 취해야 했다. 쥐덫을 놓을까, 초강

력 끈끈이를 가져다 놓을까 궁리를 했다. 한편으로 그런 물건들을 어디서 살 수 있는지 알 수가 없었다.

쥐 이야기가 집안의 화제가 된 후, 아이들은 치즈 조각부터 잘라 가지고 나왔다.

"쥐덫이 있어야지, 치즈부터 가져오면 어떡하니? 그리고 쥐는 멸치를 좋아해."

"엄마, 쥐는 치즈를 좋아해. 만화 영화를 생각해 봐, 쥐들은 다 치즈를 좋아하지, 멸치 먹는 거 봤어?"

"야, 멸치 한 마리 끼워 놓으면, 쥐가 제일 좋아해."

"여보, 미국 쥐는 치즈를 좋아해. 하하!"

아이들과의 언쟁에 끼어든 남편의 말에, 오래전의 일이 생각나서 갑자기 웃음이 터져 나왔다.

결혼 전, 남편은 시골과 다름없는 지방의 한 대학가에서 자취를 하고 있었다. 밤에 부엌이나 천정에서 돌아다니는 쥐 소리에 괴롭다고 했더니, 누가 쥐덫을 놓아야 한다고 가르쳐 주었단다. 물어물어 재래시장에 가서 쥐덫을 사다 놓았다고 했다. 그런데 쥐가 안 잡힌다는 것이었다. 쥐덫에 미끼로 무엇을 놓았는지 물었다. 치즈 조각을 놓았다고 했다.

"오우 노우, 한국 쥐는 치즈를 못 먹어."

"정말? 그러면 쥐에게 뭘 먹여?"

"멸치! 한국 쥐는 멸치를 좋아해."

사소한 일이지만, 사는 곳에 따라 생쥐도 입맛이 다르다는 것에 백기를 들었다. 그래, 치즈다!

생쥐 사건은 한국과 미국의 문화적 차이에 대해 생각하게 한다. 미국 사람들에게 생쥐는 작고 귀여운 동물이다. 〈시골 쥐와 서울 쥐〉라는 동화가 있고, 쥐가 나오는 유명한 만화 영화로 〈미키 마우스〉와 〈톰과 제리〉가 있다. 생쥐 캐릭터들은 귀엽고 영리하기까지 하다. 반면, 한국에서는 농경 문화의 유산인지, 쥐는 곡식을 훔쳐 먹고 멀쩡한 물건을 쏠아 못쓰게 만드는 동물, 또 불결하고 징그러운 존재다. 〈옹고집전〉에서는 쥐가 사람이 되어 진짜 옹고집을 몰아내기까지 하는 요물이다.

사람들은 보편적 가치를 공유하지만, 일상생활에서 마주치는 작은 것, 익숙한 관습들은 다른 것이 참 많다. 얼마 전에 들은 이야기이다. 한국에서 온 사람이 미국인 친구가 생겼다. 친한 친구라고 생각하고 어느 날, 연락 없이 들렀더니 너무나 놀라며 웬일이냐고 묻더라는 것이다. 커피 한 잔 같이 마시고 싶어 왔다고 했더니, 들어오라는 말도 안 하고 다음에 오라고 해서 너무너무 서운했다고 한다. 그래서 그후로는 연락도 안 한다고 했다. 사람에 따라 다르겠지만, 아마도 그 미국인에게 그는 예고도 없이 프라이버시 영역으로 툭 튀어 들어오려는 무례한 사람이지 않았을까 하는 생각이 든다. 이런 차이들을 모르는 상태에서는 상대방의 행동들을 이해할 수 없다. 괴상하거나 무례하게 여겨진다.

많은 문화적 차이를 다 배워서 따를 필요도 없고, 내 것을 내세우거나 감출 필요도 없다. 가끔은 이해가 되지 않는다 해도, 저 사람에게는 저게 편한가 보다, 여기는 그렇나 보다, 생각하고 지나면 편할 때가 있다. 마치 미국 쥐는 치즈를 좋아하고 멸치는 거들떠보지도 않고, 한국 쥐는 멸치를 좋아하고 치즈는 이게 뭐야, 하는 것처럼 말이다. 누가 그랬다. 사람들은 모두 자기중심적이라고. 자기중심성은 어쩌면 생존본능에서 생기는 자기 방어의 몸짓이다. 세상은 넓고, 나와 같은 사람은 하나도 없기 때문이다.

문화적인 차이로 소통이 잘 되지 않은 건지 어쩐지, 이제는 옆집 주디와의 관계를 좀 풀어 보려고 한다. 그동안 옆집 주디와는 사소한 일들로 관계가 불편했다. 자정 지난 시간에 들리는 사륜구동의 자동차 소리, 차문 여닫는 소리에 잠이 깨면 다시 잠들기 어려웠다. 담 넘어와서 어슬렁거리는 고양이들, 그녀의 말투는 항상 명령하는 것 같았고, 나를 무시하는 듯했다. 나는 속으로 기분이 나쁘다는 생각을 했지만 내가 생각하는 것을 적극적으로 풀어 보려는 노력은 하지 않았다. 그러다 보니 나도 주디에게는 그다지 친절한 이웃은 아니었던 것 같다. 이렇게 생각하고 나니 주디 집 마당을 내려다보는 내 마음도 한결 가벼워졌다.

어느새 눈이 녹으며 쥐의 발자국들을 지우고 있다.

모과나무댁

모과나무를 바라본다. 언제 심었는지조차 알 수 없을 만큼 오래된 나무다. 오십을 훌쩍 넘긴 집의 나이보다는 몇 살 적을 것이라 짐작해 본다. 그러니 나와 나이가 비슷할지도 모르겠다.

모과나무는 일찍 잎이 핀다. 꽃이 피기 전에 벌써 나무는 푸른 잎으로 덮여 있다. 잎들이 먼저 푸른 치마를 넉넉하게 펼치고 봄소식을 알리면 그때서야 꽃봉오리가 보이기 시작한다. 빛을 사모하는 듯 수줍게 잎사귀 위로 고개를 내민다. 분홍빛이 도는 작은 수련 같은 꽃들이 하나둘 피어난다. 겨우내 웅크리고 있던 그리움이 수액을 따라 올라가 나뭇잎을 딛고 피어났는가. 순결한 가슴앓이를 했던 첫사랑의 기억도 슬며시 피어났다가 꽃잎과 함께 진다.

유월이 되면 모과 나뭇잎은 두터워지고 솜털은 진해진다. 그리고 무성한 잎을 내어 우리 네 식구가 마당에 앉아 저녁 먹기에 꼭 알맞은 크기의 그늘을 만들어 준다. 여름은 잔가지들이 많이 뻗어나는 계절이기도 하다. 세상 모르고 뻗쳐 올라오는 잔가지들. 상념이 많은 날, 이유 없이 싸우는 아이들에게 버럭 화를 낸 날, 모과나무 잔가지를 친다. 한낮의 더위가 힘들게 가라앉는다. 저녁을 먹고 나서는 시원스럽게 이발을 한 모과나무에 등을 달아 놓고 책을 읽는다. 모과나무 어깨너머로 저녁놀이 몰고 온 바람이 인다. 은은하게 흔들리는 풍경 소리를 듣는다. 뜰에서 딴 박하잎을 우려내어 차를 마신다.

가을의 모과나무는 잘 익은 황금색의 열매가 짙은 초록색 잎과 푸른 하늘과 깨끗하고 맑은 대비를 이룬다. 모과는 이제 끈적한 과액이 껍질에 배어날 만큼 익어간다. 향기가 마을에 퍼진다. 산책하던 이웃들의 눈길을 사로잡는다.

모과를 따는 날이다. 열매는 꽤 무거워서 잘못하면 떨어뜨리기 쉽다. 온 식구들이 모과 수확을 거든다. 가지는 촘촘하여 과일을 따는 머리칼을 사납게 잡아당기기도 한다. 모과를 받으면 행복한 미소를 지을 사람들을 생각하며 나무의 장난을 즐겁게 받아들인다. 이웃들도 덩달아 신이 난다. 멕시코에서 이민 온 할머니도 영어를 하는 손자를 데리고 와 모과를 좀 얻어간다. 동유럽에서 온 아주머니도 바구니를 들고 온다. 모과를 좋아하는 이유만으로도 친밀감을 느낀다. 말주변이 없는 나보다 모과가 낫다.

모과는 여러 가지 쓸모가 있지만 내가 제일 좋아하는 것은 모과를 바구니에 담아 침대맡에 두는 것이다. 자다가 몸을 뒤척이면 모과 향의 싱그러움에 몸이 구름 위에 떠 있는 듯 무척 가벼워짐을 느낀다. 그윽한 향기가 방안에 가득 차서 몸놀림을 따라 물살처럼 출렁인다. 잠결에 스치는 이 상큼한 향기에 꿈까지 향기로워지는가 보다. 책갈피에 접어 두고 싶은 그 향기로 시를 쓰고 싶다. 농염한 노란 물감에 푸른 그리움을 개어놓고 정물화를 그리고 싶다.

금세 겨울이 된다. 하얀 눈이 내린 날, 모과나무는 가지마다 햇솜 같은 눈을 안고 참새들을 부른다. 참새가 포르르 움직일 때마다 눈가루가 날린다. 눈송이랑 참새의 미끄럼 놀이를 즐기는 것 같다. 북두칠성이 유난히 반짝이는 밤, 부엌 창을 통해 모과나무가 나를 들여다보는 것 같다. 거센 바람이 모과나무 가지를 흔들고 간다. 안쓰럽게 팔랑거리던 마지막 잎까지 다 떨구었다. 차가운 달빛에도 모과나무는 제자리에서 의연하다. 누군가 말했듯 나무는 홀로 서야 나무이다. 또 한 겹 겉껍질을 벗겨낼 준비를 하고 있는 나무에게 말을 건넨다.

애썼네, 모과나무.

사람들은 대개 열매로 그 나무를 기억한다. 사과가 열리기에 사과나무, 포도가 열리기에 포도나무다. 특히나 모과는 못생긴 과일의 대명사이다. 겉모습만으로 이 나무를 기억하기엔 아쉬움이 많다.

따로 거름을 주지 않아도 가뭄에 물을 주지 않아도 모과나무는 제 할 일을 한다. 성품이 까다롭지도 않으면서 후덕하다. 해마다 어김없이 튼실하고 향기 좋은 과육을 빚어낸다.

이국 땅에서 살아본 사람이면 고향 소식이 묻어 있을 것 같은 무궁화꽃 핀 울타리나 감나무가 있는 집을 그냥 지나치지 못한다. 아담하고 단정한 정원수로 가꾸어진 모과나무는 만만치 않은 타향살이에 덤으로 얻은 행운이다.

이웃들에게 우리 집은 모과나무집이다. 그러니 누군가 택호를 사용해서 나를 부른다면 모과나무댁? 슬몃 모과나무를 닮고 싶다.

질그릇의 시간

생일은 내게 쓸쓸한 날이다. 이렇게 늦은 가을날이었구나. 내가 태어난 날이. 어느 해 생일이 내가 태어난 해처럼 음력과 양력이 일치한 날이 있었다. 그날은 해가 언제쯤 지는지, 날씨가 얼마나 쌀쌀한지 유심히 관찰했다.

나는 달을 못 채우고 태어난 아이다. 열세 살 위인 둘째 오빠의 이야기는 이렇다. 그 날 오후에 어머니와 오빠는 먼 산밭에 갔다고 한다. 수확철도 다 지난 늦가을에 만삭의 몸으로 밭에 남아있는 무라도 몇 개 거두러 갔나 보다. 몸이 무거운 어머니가 발을 헛디뎌 몸을 다치게 되었다. 어머니의 치마가 온통 붉은 피로 적셔졌다. 오빠는 어머니가 돌아가실까봐 가파른 산길을 걸어 돌아오는 내내 울었다고 한다. 저녁에 산통이 시작된 것을 보고 아버지는 산모에게 흰 쌀밥을 먹이려고 방아를 찧으러 가셨다. 방앗간에 가신 아버지가 집에 돌아오셨을 때 어머니는 나를 낳았다고 한다.

내가 태어난 집은 시냇가의 오두막집이었다. 비가 많이 내린 후 어느 날, 여섯 살 위의 언니가 나를 업고 냇가에서 놀다가 불어난 물에 휩쓸렸다. 허우적거리며 급류에 떠내려 가는 것을 동네 아주머니가 구해 주셨다고 한다. 그 와중에도 어린 언니가 나를 놓지 않고 꼭 붙잡고 있어서, 나는 천만다행으로 살아났다.

혼자 점심을 먹으며 어머니의 산고를 생각한다. 목숨이 위태롭도록 흘리신 피. 이미 아들 둘, 딸 셋을 두었으니 그리 애틋하게 자식을 기다리지는 않았을 것 같다. 달을 다 채웠다면 겨울에 태어났을 아이. 태어났을 때 몸이 허약하여 동생이 태어나기 직전까지 호적에도 오르지 못하였다. 그래도 어머니는 내가 뽀얗게 예뻤다고 했다.

내가 태어난 절기를 생각해 보니, 부모님께서는 어느 봄날 새벽 이른 잠에서 깨어 나를 빚으셨을 거란 생각이 든다. 아마도 그 새벽엔 그믐달이 걸려 있었을 것이다. 서릿발같이 차가운 그믐달이 아니라 새로 생겨나는 보드라운 버드나무 잎사귀 같은 그믐달이다. 어머니와 아버지는 햇새벽에 간들간들 실려오는 그 그믐달의 향기에 취해 익숙한 솜씨로 두루두루 편하게 쓸 질그릇같이 나를 빚어 놓고, 봄날의 꽃을 보고, 냇가에서 한여름의 더위를 식히며, 쌀밥 한 그릇 풍성하게 먹을 날을 기다렸을 것이다.

어머니의 달력은 음력이었다. 음력으로 가족들의 생일과 집안의 대소사를 다 기억하셨다. 사주팔자도 믿고 관상도 믿으셨다. 시계가 없었던 어머니는 내가 태어난 시간을 정확하게 모르셨다. 그래서 술시보다 좀더 사주가 좋다는 해시에 태어난 것으로 믿고 싶어하셨다. 어머니에 따르면 나는 밥은 먹고 살 거라고 했다. 큰 부자는 아니어도 궁핍하게 살지는 않을 거라는 뜻으로 그 말씀을 받았다. 생일날 특별하게 어머니께 선물을 받아본 적이 없지만, 생일이 되면 어머니는 마음속으로 수도 없이 자식의 안녕을 기도하셨을 것이다.

나에게 생명이 이어져 온 일을 생각하면 경이롭기까지 하다. 태초부터 까마득한 시간, 사냥과 채집을 하며 동굴에서 추위에 떨면서도 살아냈고, 역사가 기록된 그 시간을 지나는 동안 몽골의 침략, 임진왜란 등 무수한 인명을 휩쓸고 간 전쟁들, 굶주림에다, 고을들을 삼키는 전염병이 해마다 창궐하였어도 조상들은 죽지 않고 살아남았다. 아마도 살아남기 위한 모종의 상상하기 어려운 일들이 벌어졌을지도 모르지만, 그렇게 죽지 않고 살아남은 목숨이 나에게까지 도달하였다. 그러니 내가 세상에 사람으로 태어난 일이 어찌 예사로운 일이랴!

그런데 오늘, 다른 날보다 주변이 고요하다. 가족들이 모두 학교로, 일터로 가고 혼자서 생각에 잠긴다. 생일을 기억하고 전화해주던 큰오빠도 국제전화는 부담스러운가 보다. 음력을 사용하지 않는 미국 가족들은 해마다 바뀌는 내 생일을 묻고 또 물었다. 그게 귀찮아 요즘엔 생일을 양력으로 한다. 그런데 아무것도 다를 바 없는 오늘. 내 생일에 겪었을 어머니의 산고에 대한 죄스러움과 어린 날의 기억을 더듬고 있자니 좀 쓸쓸했다.

자동차 열쇠를 찾아 집을 나섰다. 나를 위하여 생일 선물을 사기로 했다. 활짝 피어난 작은 난초도 사고 케이크도 샀다. 스테이크 고기를 사러 정육부에 들러서 마블링이 좋은 고기를 살피고 있었다. 정육부 매니저가 나오길래 어느 것이 좋은지 물었다. 그는 어느 부위를 먼저 잘랐는지, 또 어느 것이 더 부드러운지 이것저것 설명해 주었다. 말끝에 오늘이 내 생일이어서 가족들과 집에서 식사를 하려 한다고 했더니, 생일이라고? 잠깐 기다리라고 했다. 안으로 들어갔다 나오더니 내가 고른 고기에 50% 할인 스티커를 붙여 준다. 뜻하지 않게 큰 생일 선물을 받은 아이처럼 갑자기 기분이 좋아졌다.

집으로 돌아오는 길, 작은 난초가 예쁘게 흔들렸다. 아이들이 좋아할 맛있는 케이크와 고기를 들고 현관문을 열었다.

된장이 억울하다

된장녀? 이런 말이 있었던가? 인터넷에서 찾아보니, 된장녀는 외국 고급 명품이나 문화를 좇아 허영심이 가득찬 삶으로 일관하여 한국 여성의 정체성을 잃은 여자를 비꼬아서 쓰는 말이라고 한다.

된장녀란 말의 뜻밖의 의미에 충격을 받은 나는 참으로 오랜만에 된장국을 끓여 보았다. 멸치 한 줌을 넣고 진하게 국물을 우려 내어 된장을 풀고, 무청을 넣었다. 달그락거리는 냄비의 뚜껑 아래에서 하얀 김이 솟아 나왔다. 오랜만에 맡아보는 구수한 냄새였다. 네모나게 반듯반듯 썬 두부와 들깻가루도 넣었다. 이렇게 끓인 된장국을 한 숟가락 떠서 맛을 보니 뼛속까지 시원했다. 고향에 대한 그리움이 사무칠 때마다 향수를 달래주던 된장국이다.

어머니는 항상 된장, 고추장, 간장을 직접 담가서 자식들에게 나누어 주셨다. 미국에 와서야 처음으로 사 먹게 된 된장이 얼마나 얼토당토않은 맛을 내던지, 어머니의 된장에 길들여져 있던 나는 다시는 된장을 사지 않았다. 대신 한국에 나갈 때마다 어머니의 된장과 간장을 가져왔다. 그리고 그것들을 냉장고 한쪽에 보물처럼 넣어놓고 두고두고 아껴 먹었다.

그런데 몇 해 전에 어머니께서 병을 얻으셨다. 몇 달밖에 사실 수 없다는 청천벽력 같은 소식을 듣고 여름 동안 아이들을 데리고 한국에 나갔다. 아이들 때문에 내가 한 일이란 어머니 옆에서 말동무를 하거나 텔레비전을 같이 보는 일이어서, 투병하시는 데 별 도움이 되지도 못했다. 그런데도 시간은 자꾸 흘러 미국의 집으로 돌아와야 할 시간이 다가왔다. 생전에 뵙는 것이 마지막일지도 모르는 날, 어머니의 침상에 올라앉아서 젊은이들처럼 서로 얼굴을 맞대고 사진도 찍고, 등 뒤에서 어머니를 꼭 껴안기도 하고, 얼굴에 뽀뽀도 했다. 그러다 문득 어머니가 돌아가시면, 이제 어머니 된장도 끝이구나, 하는 생각이 들었다. 어머니의 비법이라도 알아두어야 하겠다는 조급한 마음으로 어머니께 물었다.

"엄마, 그런데 된장은 어떻게 담가요?"

"생전 된장 한 번도 안 담아봐서 잘 모르제? 요새는 모다덜 돈 주고 사 묵어붕게 된장 담는 법을 알기나 허겄냐. 남아 있는 늙은이들이 다 가 불면 끝이제."

누렇다 못해 삭은 된장 빛처럼 어두운 얼굴에 식은땀을 흘리면서도 어머니는 된장 담그는 법을 일러 주셨다. 된장 담그는 법을 공책에 받아 적을 필요도 없었다. 병실의 적막을 깨우는 가느다란 목소리를 모두 가슴에 받아 적었다.

어린 시절에 가끔 보았던, 된장을 담그는 어머니의 모습이 오버랩되었다. 가을걷이가 끝나고 직접 밭에서 거둔 노란 콩을 마당에 앉아 일일이 손으로 골라 내셨다. 어머니는 정성껏 고른 콩을 가마솥에 삶고, 절구로 짓이겨 메주를 만들었다. 열두 덩이도 더 되는 목침 같은 메주들이 볏짚에 감겨 건넌방 시렁에 주렁주렁 매달려서 겨울을 났다.

새봄이 되면, 어머니는 손 없는 날을 받아 메주를 내리고 곰팡이를 씻어냈다. 잘 씻긴 커다란 장독들도 따사로운 햇살 아래 대기하고, 어머니는 동이 위에 소금 시루를 얹어 소금물을 내려가며 간장독에 메주들을 넣으셨다. 어머니의 손이 비중계라도 되는 듯 어김없는 농도였다. 메주가 둥둥 떠오르면 소금물에 참숯과 고추를 넣었다.

시간이 흐르면 메주의 진국이 나와 소금물에 섞이고, 간장은 메주와 어울려 익었다. 적당한 날을 받아 어머니는 메주를 건져내고, 간장은 달여서 간장독에 담았다. 간장독을 빠져나온 메주는 골고루 치대어 노란색을 띤 젊은 된장이 되어 된장독에 차곡차곡 담겼다.

다음날, 나는 어머니가 마지막으로 담근 된장을 들고 아이들과 함께 태평양을 건너 집으로 돌아왔다. 그리고 두 달 후, 내가 있을 때보다 더 처절한 고통 속에서 힘들게 투병하시던 어머니가 돌아가셨다. 한줌 흙에도 어머니의 땀이 적셔지지 않은 곳이 없을 정도로 일만 하셨던, 고향의 고추밭에 어머니를 모셨다. 어머니는 그제야 비로소 호미를 놓고 누우셨고, 남겨진 일곱 자식들은 뿌리 뽑혀 던져진 고춧대처럼 풀이 죽어 어머니가 홀로 사셨던 집으로 내려왔다.

우리는 어머니의 손때 묻은 물건들을 정리하고, 옷가지를 불에 태웠다. 미국 딸이 사 드렸다는 이유로 제일 좋아하셨다던 보라색 가죽 장갑, 봄 나들이할 때마다 꼭 챙겨 입으시고 마을 사람들에게 그토록 자랑하셨다는 연분홍 잠바, 그런 것들을 불길에 던져 넣으며, 비로소 다리가 저리도록 앉아서 울었다.

소슬바람이 일어 재가 마당에 흩어졌다. 어머니를 모시고 왔던 버스가 저녁이 되기 전에 돌아가야 한다고 했다. 우리가 왔던 도시로 다시 데려다 줄 버스에 오를 준비를 하던 우리 자매들은 검은 상복을 입고도 어머니의 장독대에 남아 있던 간장이며 된장을 나누어 담았다.

시간은 흘러 다시 일상으로 돌아와서도 어머니 생각만 났다. 특히 전화기를 볼 때마다 눈물이 났다. 이제는 더 이상 어머니께 전화를 걸 수 없다는 것이 너무나 슬프다.

"아가, 잘 있냐? 공 서방도 회사에 잘 다니고? 아그들도 많이 컸

제? 미국에 바람이 많이 분다고 테레비서 그래서 전화했다. 항시 몸 조심하고 잘 지내라잉."

어느 날, 자동 응답기에 녹음 되었던 어머니의 목소리를 되풀이해 들으면서 흐느끼곤 했다. 나는 뭐 하느라고 어머니의 전화도 받지 못 했던 것일까? 그리고 어머니 생각에 어머니의 살 같은 된장, 피 같은 간장으로 좋아하던 된장국을 쉬 끓일 수 없었다. 나에게 남겨진 어머니의 유품이란 생각에 더 그랬다.

그런데 허영에 가득 찬 그런 여자가 된장녀라니! 말도 안 돼. 가장 토속적인 된장이라는 살가운 말을 그렇게 저속하게 써버리다니. 그 말을 만들어낸 사람들에게 분풀이라도 하듯 오랜만에 끓인 된장국은 눈물 맛이 났다. 우리 집에 오셨을 때 찍은 어머니의 사진을 보며 하소연을 늘어놓았다.

"엄마! 가장 실속있는 한국적인 여자를 된장녀라고 해야지, 왜 그런 허영덩어리 여자들을 된장녀라고 해? 그러면, 우리 엄마가 진짜 억울하지!"

사진 속의 어머니는 아무 말씀이 없으셨다.

호미와 연필

호미를 들고 나가 땅을 파 보았다. 나무 손잡이의 끝은 뭉실하게 닳아 있고, 호미 날은 겨우 작은 깻잎만큼 남았다. 주인이 흘린 땀에 쇠붙이마저 녹아내렸기 때문일까? 호미는 어머니의 등을 긁어주던 효자손처럼 흙의 표면만 긁어 댈 뿐 땅을 깊이 파지 못한다. 고향집 수돗가 나무 기둥에는 세 자루의 낡은 호미가 걸려 있었다. 그중에 손잡이가 유난히 반질거리던 한 자루를 어머니의 유품으로 가져왔다.

한여름 더위에 어머니를 따라 밭을 매러 가는 일은 참으로 고역이었다. 햇볕이 너무 뜨거워 길이 노랗게 흔들리며 어지럽기까지 했다. 그래도 어머니를 따라나섰던 것은 호랑이도 나온다는 산밭에 어머니 혼자서 얼마나 무서울까, 하는 생각 때문이었다. 한편으로는 밭일을 하면서 어머니가 풀어놓는 이야기보따리의 유혹을 물리칠 수가 없었다. 옛날이야기뿐만 아니라 살아오신 이야기들이 밭을 매는 동안 실타래가 풀려나오듯 끝없이 이어졌다. 어머니가 풀어놓는 실타래를 놓칠세라 귀는 어머니의 목소리에 열어두고, 건성건성 김을 매며 밭고랑을 따라갔다.

어머니의 밭고랑에는 시대가 뿌린 억센 풀들이 어찌 그리 많았던 것일까? 일제강점기와 육이오 전쟁이 어머니의 젊은 날이었다. 일제강점기 때, 향촌에서는 아직도 서당 교육과 드물게 일제가 세운 학교가 공존했다. 하지만 여자들이 다닐 학교는 없었다.

"내가 남자로 태어나지 못헌 것이 한이제. 여자로 태어나 배우지도 못허고, 가문을 잇지도 못허고 인생이 꼬여부렀다. 어느 해던가, 동네에 야학이 들어왔제. 야학에 가서 한글을 배웠는디, 잘했다고 상으로 연필을 받았어야. 난생처음으로 연필을 만져 봉게 얼매나 신기하고 좋던지! 우리 할아버지한테 귀헌 한문책들이 수레로 실어낼 만큼 많았제. 내가 남자로 태어났다면 그걸 다 물려받았을 턴디, 할아버지 돌아가시고 난 후에 보니까 그 많던 책들이 다 어디로 사라져 부렀는지 해평 아재 집에 몇 권만 남아 있드라. 어찌나 속이 상하던지."

어머니는 딸들이 호미를 잡는 아낙이 되기보다는 연필을 잡는 사람이 되기를 원하셨다. 새까맣게 그을린 촌 아낙네의 얼굴로 면사무

소나 농협에 일을 보러 갈 때마다 기도하셨다고 한다. 당신의 딸들도 저렇게 그늘에 앉아 펜을 잡는 일을 할 수 있다면 얼마나 좋을까 하고. 매일 아침 일어나 정안수를 떠놓고 비는 것도 모두 자식들을 위한 간절한 소원이었을 것이다. 어머니는 우리 자매들에게 뜨개질이나 자수 같은 것을 못 하게 하셨다. 그런 것 할 시간 있으면 글이라도 한 자 더 읽으라고 하셨다.

어머니의 바람은 다섯 딸 중에서 세 딸이 교편을 잡게 되는 것으로 이루어지는 듯했다. 언니에 이어 나도 대학을 졸업하고 교편을 잡게 되었다. 동생도 대학 졸업 후, 곧 교직에 들어섰다. 첫 발령을 받았을 때, 내가 사는 양을 보려고 어머니가 오셨다. 잠자리에서 어머니가 낮은 목소리로 물었다.

"아이들은 말을 잘 듣디? 옛말에 선생 똥은 개도 안 묵는다고 했다. 남의 아이들 귀히 여기고 잘 가르쳐라. 근디 월급은 얼매나 받냐?"

"보너스랑 합쳐서 한 백만 원 받아요."

"허허, 그러면 쌀이 열 가마니네. 니 한 달 월급이 내 일 년 농사보다 낫다."

어머니는 호미 대신 '연필을 잡은 딸'이 자랑스러웠는지 이마를 쓰다듬어 주셨다. 그런데 나는 어머니의 자부심을 지켜 드리지 못하고, 남편을 따라 미국으로 건너오면서 교편을 놓았다.

어머니가 돌아가시기 이태 전이었다. 오래 벼르던 끝에 태평양

건너 우리 집에 오신다고 했다. 나는 어머니와 하고 싶은 일들을 적어 놓고 어머니께서 오실 날을 기다렸다. 그중에 으뜸이 어머니 살아오신 이야기를 써 드리는 것이었다. 막상 어머니가 오셨을 땐, 두 살짜리와 여섯 살짜리 아이들의 뒤치다꺼리로 바쁘기만 했다. 또 과외와 도서관의 시간제 일로 바쁘게 집을 드나들었다. 어머니는 그런 내 모습을 보며 무척 속상했던가 보다.

"그 좋은 직업을 놔두고 와서, 여기서 왜 이 고생이냐?"

"열심히 살려고 하는데, 격려는 못 해 줄망정 왜 그래요?"

어머니의 마음을 헤아리지 못하고 나는 짜증을 부렸다.

어머니는 무료하실 때, 창가의 흔들의자에 앉아 조용히 아이들이 읽는 전래동화집을 읽곤 하셨다.

"아이고, 어찌야 쓰까? 얼른 가서 콩쥐 눈물 좀 닦아줘야 쓸 텐디…."

"심 봉사가 눈을 번쩍 떴구나! 어쩜 요리도 맛깔스럽게 썼을까이?"

돋보기를 쓰고도 어머니는 순진무구한 어린아이처럼 이야기 속에 푹 빠져들곤 하셨다.

우리 집에 계시는 동안, 어머니의 살아오신 이야기를 써 드리고, 어머니가 마음껏 글을 쓸 수 있도록 맞춤법에 맞는 글쓰기를 가르쳐 드리고 싶었다. 하나, 바쁘다는 핑계로 어느 것 하나 실천하지 못하고 말았다.

어머니가 한국으로 돌아가실 때, 잘 깎은 새 연필 몇 자루와 공책을 가방에 넣어 드렸다. 어머니는 연필을 기쁘게 받으셨다.

"하이고! 요새 연필은 좋기도 허다. 내가 이 연필로 글씨 연습도 허고, 너한테 편지도 쓰마."

어머니가 돌아가시고, 소슬바람처럼 우수수 우수수 몰려드는 회한들. 내 책상에는 잘 깎인 연필들이 필통에 가득하다. 나무 향이 나는 연필로 사각사각 글씨를 쓰던 우리를 흐뭇하게 바라보시던 어머니가 꾸었던 꿈을 생각한다. 잡초를 뽑고 밭고랑의 흙을 파던 어머니의 호미가 심었던 것은 무엇일까?

어머니와 밭을 매러 다니던 어린 시절, 김은 잘 못 맸지만 어머니의 이야기들은 부지런히 내 실패에 옮겨 감았던 것 같다. 이제 내 소원은 어머니 스스로 쓸 수 없었던 이야기들은 써 드리는 것이다. 그리고 그것을 언젠가 당신의 산소에 바치고 싶다. 그 이야기들이 없었다면 도시에서 방황하던 시절, 내 삶도 뙤약볕 아래 뿌리 뽑힌 잡초처럼 나동그라졌을지도 모른다.

가끔씩 어머니의 유품이 된 낡은 호미를 만져보며 생각에 잠긴다. 어머니는 호미로 농사를 지었고, 나는 연필로 마음 밭을 가꾼다. 나는 어머니의 원대로 글을 쓰며 마음 밭을 일구며 살고 있으니, 내 실패에 옮겨 감았던 어머니의 이야기들을 지상에 풀어내고 싶다. 나는 어머니의 연필이 되고 싶다.

일월의 강

리우데자이네로. 브라질의 한 도시이지만 '일월의 강'이라는 속뜻을 품고 있다. 그리고 그건 내가 오랫동안 사랑하고 존경했던 한 시인이 젊은 날에 쓴 시 제목이기도 하다. 그 시는 내게 미지의 세계에 대한 열정으로 읽혔는데, 일월이 그곳에선 한여름이기 때문이었을까. 그로부터 수많은 계절을 건너 나는 지금 또 다른 일월의 강가에 서 있다.

서울 올림픽이 열리던 해였다. 정지용의 〈향수〉를 낭송하는 선생님의 모습을 원고에 담아 학보에 기고했던 게 인연이었다. 나는 시인이자 교수이신 그분의 심부름 조교가 되었다. 교수 연구실을 청소하고, 간단한 심부름도 하며 학기마다 약간의 근로 장학금을 받았다. 출판사나 잡지사에 원고를 전달하는 심부름을 하기도 했다. 그때마다 선생님께서는 그냥 보내는 일 없이 꼭 차비를 쥐어주셨다.

선생님께서는 방학이 가까워지면 읽을 책을 여러 권 골라주셨다. 그러나 나는 그 가르침을 온전히 받아들일 만큼 학문적 소양이 없었다. 선생님의 기대가 부담스러워서 도망치고 싶다는 어리석은 생각을 하기도 했다. 학령기의 자식이 부모님의 기대를 부담스러워하는 것과 마찬가지였다. 연구실에 한 달 넘게 발길을 끊은 적도 있었다. 그래도 불성실한 제자를 내치지 않고, 졸업 때까지 다른 조교를 구하지 않으셨다.

"오늘 저녁밥 같이 먹자." 사모님 입장에선 귀찮은 일이었을 텐데 밥을 사 주고 싶으시면 꼭 댁으로 부르셨다. 자취생활하는 제자에게 제대로 된 밥 한 끼를 먹여주시려는 배려였지 싶다. 4년여 동안, 허튼 농담 한 번 하지 않으시고 사도師道의 길을 몸소 실천하며, 애써 시를 가르쳐주려고 노력하셨다. 나는 선생님의 격려로 유럽 배낭여행을 다녀오기도 했다. 선생님은 영·호남의 지역화합을 위해서도 많은 노력을 기울이고 불의에 대한 비판의식을 잃지 않으셨다.

지금 생각하니 선생님께서 가르쳐 주신 것 중에 시학이나 미학 등은 제대로 기억하는 것이 없다. 그러나 선생님께서 나를 어떻게 대하셨는가는 기억한다. 아마 많은 사람들도 그럴 것이다. 교사가 된 후 가끔 선생님을 찾아뵈었다. 선생님께서는 엘리베이터가 없는 4층 아파트에 사셨는데, 배웅할 때는 현관 앞까지 나오셨다. 1층

주차장에 내려가서 올려다보면 그때까지 들어가지 않고 계시다가 손을 흔들어 주셨다. 등 뒤에서 바로 문을 닫지 않은 일이 드문 세상이다.

친정아버지가 돌아가시고 미국에서 첫아이를 낳으며, 작명을 부탁드렸을 때도 흔쾌히 응해 주셨다. 선생님은 든든한 고향의 느티나무처럼 늘 거기에 계셨다. 정년퇴임을 하신 후에는 금정산이 훤히 내다보이는 고층 아파트로 거처를 옮기셨다. 거실에서 본 금정산이 참 좋았다. 다음에 같이 금정산에 한 번 오르자고 하셨는데 지키지 못한 약속이 되었다.

가까운 사람의 죽음을 뒤늦게 알았을 때의 심정은 어떨까? 나는 은사님의 부음을 알지 못했다. 이메일을 드렸는데 오랫동안 답장이 없었다. 이상해서 선생님 기사를 검색해 보니 여러 달 전의 부음기사가 떴다. 너무나 황망해서 온몸이 풀어졌다. 몇 달 동안 선생님의 소식도 모른 채 편지를 쓰고 답장을 기다리고 있었다니.

지난여름에 사모님을 찾아 뵙고 선생님의 유고집 ≪반쪽의 지구가 아름답다≫와 스무번째 시집 ≪달춤≫을 받아왔다. 선생님께서는 생의 어느 한순간도 치열하게 살지 않은 적이 없는 것 같다. 유고집에는 세월호 사건을 아파하는 시가 여러 편 있었다. 밤잠을 못 자고 뒤척인 시정신이 고스란히 드러나 있었다. 위정자의 위선을 고발하는 시편들은 잘 벼린 칼처럼 날카로웠다. 장례식날은 몇 년간 심혈을 기울여 집대성한 고향 고리古里에 대한 원고의 출판기념일로 예정된 날이었다고 한다. 선생님은 원자력 발전소가 들어서면서 지척에 있는 아름다운 고향을 잃어버린 실향민이셨다. 늘 그 한을 갖고 살다가 마침내 사람들 가슴에 아름다웠던 바닷가 마을, 고리古里를 복원해 놓고 가셨다. 시를 배우지는 못했지만 글과 삶이 일치했던 선생님을 통해 깨우친 것들을 생각한다. 나는 스승 복이 많은 사람이다.

선생님을 꿈속에서 뵈었다. 선생님을 생각하면 왠지 일월의 강이 떠오른다. 어쩌면 나는 선생님을 떠올리는 한 영원히 일월의 강에서 있게 될지도 모르겠다. 하지만 그 강은 더 이상 열정으로 뜨거운 리오의 일월이 아니다. 불필요한 것들은 다 걸러내고 맑고 차갑게 흐르는 겨울강이다. 강물은 키 큰 미루나무, 갈대숲, 구름과 들판의 풍경을 고스란히 담아 담담하게 흐른다. 선생님은 시와 함께 살다가 그 절정에서 시와 함께 잠드셨다. 정금正金 같은 선생님의 시편들이 수면에 무늬를 새겼다 사라지는 것 같다. 선생님의 갑작스런 죽음은 아직 다 방영되지 못한 TV 문학관의 한 장면처럼 멈춰 있다.

일월의 강은 차가워서 뜨겁다. 그 맑은 강에 아직 거두지 못한 눈물 한 줄기 풀어놓는다.

2부

벨뷰 도서관의 풍경

불어라 바짓바람!

시애틀의 정글

벨뷰 도서관의 풍경

까마귀의 시간

어머, 한국말 하시네요

금발 미녀 사서와 문신

놈이 나타났을 때

벽과 틈

바특한 관계

더불어 사는 사회

불어라 바짓바람!

미국의 공교육은 한국에 비해 엄청나게 느슨한 것 같다. 그런데 어떻게 빌 게이츠나 저커버그 같은 창의적인 사람들이 나오는 것일까? 한국보다 한참이나 느슨한 이 교육 제도가 오히려 학생들에게 좋아하는 것을 탐색할 수 있는 시간적 여유를 주는 것은 아닐까? 학생들은 교과 공부에만 매달리지 않고 스포츠나 예술, 봉사활동 등 다양한 것을 경험하고, 주말과 저녁에는 가족과 함께 시간을 보내며 대화를 하고 책을 읽을 수 있다.

미국에서 아이를 키우다 보니, 이런 것이 미국 교육의 힘이 아닐까 하는 순간들이 있다. 수학이나 과학 수업은 그 원리가 현실에서는 어떻게 적용되는가에 중점이 된다. 백분율을 배울 때는 학생들이 좋아하는 물건을 할인하여 사는 경우를, 팁 계산하는 것을 응용문제로 가져오고, 확률을 배울 때는 카니발이나 기금모금 행사에서 게임을 개발하는 프로젝트를 준다. 다리를 배울 때는 모형을 만들어서 어떤 다리가 튼튼한지 실험해 본다.

방과 후 활동들을 살펴보면 아버지들의 참여가 두드러진다. 매주 한 번씩 있는 보이스카우트 모임에 가 보니, 엄마들보다는 아빠들이 주로 활동한다. 아들의 경우, 눈 위에서 텐트 치고 야영하기, 푸드 드라이브, 크리스마스트리 세일, 메릿베지 따기 등 많은 활동을 하는데 아버지들이 리더가 되어 도와준다. 아이들이 야영을 가면, 떠나기 전에 장비를 준비하는 일부터 식사 분담에 이르기까지 아이들이 제대로 준비하도록 살펴주고, 아버지들이 휴가를 내어 야영 인솔자가 되어 준다.

보이스카우트뿐만 아니라, 아이들의 활발한 방과 후 활동들이 자원봉사를 하는 부모들의 노력으로 준비된다는 것을 알게 되었다. 주말이면 도서관에서는 중국인 아빠들이 아이들의 수학 그룹을 가르치는 것을 흔히 볼 수 있다. 어린이 야구단이나 축구단도 감독이나 심판은 학부모들이 자원봉사를 하며 팀을 이끌어 간다.

그런데 이런 활동에서 자원봉사를 하는 한국 아빠들을 만나기 어렵다. 한국 아빠들은 늘 바쁘고 중요한 일이 있다. 친구는 남편이 말주변이 없고 사람들과 어울리는 것을 쑥스러워해서 자기가 아이들을 데리고 다닌다고 한다.

올해 한국에서는 창조경제, 창조과학부 등 '창조'라는 말이 유행인 모양이다. 미래의 빌 게이츠를 양성하기 위하여 초등학교 때부터 코딩(Cording) 교육을 하고, 대학에서는 페이스북을 창설한 저커버그 같은 인재를 양성하기 위해 창조경영학과를 신설하겠다는 계획도 들었다.

자녀 교육을 위해 극성스러운 엄마들의 노력을 치맛바람이라고 한다. 천연자원도 없고, 국토의 크기도 작은 대한민국의 눈부신 발전의 원동력은 자녀 교육을 최우선으로 두는 엄마들의 교육열, 즉 치맛바람이었다 해도 과언이 아니다. 이제 한국 엄마들은 초등학교부터 아이를 코딩 학원에 보낼 것이다. 그런데 미국의 창의성이 학과 공부의 결과에서 나온 것이 아니라면, 이런 노력들은 헛수고일 뿐이다. 미국에는 있는데, 한국에는 없는 것은 무엇일까? 그것은 아빠들의 바짓바람이 아닐까? 창의성의 대명사인 빌 게이츠, 그의 아버지가 쓴 자녀 교육법을 읽어보면, 빌 게이츠도 아버지와 대화하며 함께 많은 시간을 보낸 것을 알 수 있다.

그런데 어느 친구 남편을 통해 한국 아빠들에게서도 희망을 보았다. 얼마 전에 한국에 갔을 때였다. 남편과 초등학교 6학년인 딸이 일주일 동안 지리산 종주했다고 전하는 친구는 약간 들떠 있었다. 이 가족행사는 아빠가 딸에게 주는 선물이라고 했다. 아버지와 딸이 도란도란 이야기를 나누며 지리산의 능선과 계곡을 걷는 모습이 그려져 나도 덩달아 흐뭇했다. 아이가 자랐을 때, 아빠와 단둘이 간

여행은 아빠가 주는 어떤 선물보다 큰 선물이 될 것이 틀림없다. 갑자기 그녀의 가족이 더욱 멋져 보였다.

언젠가 어린이날에 즈음하여 설문조사를 한 것을 본 적이 있다. 아이에게 가장 큰 선물은 '놀아주는 아빠'라고 했다. 제일 좋은 아빠는 같이 시간을 보내주는 아빠라는 뜻일 것이다. 우리 자녀들도 한두 시간이고 대화할 수 있는 아빠, 자녀를 위해 휴가를 내어 캠핑에 따라가는 아빠, 자녀가 속한 스포츠팀의 코치가 되어 주는 아빠를 가질 때가 되었다. 우리 교포들은 한국과 미국 교육의 장점을 다 받아들일 수 있으니 더 희망적이다. 미국 사회에서 창조적이고 능동적인 인재로 자랄 자녀들을 위해 아버지들의 역할을 기대해 본다.

불어라, 바짓바람!

시애틀의 정글

오늘도 거기에 그가 있다. 무릎에는 두툼한 책이 펼쳐 있다. 등받이도 없는 낡은 간이의자가 그의 큰 덩치에 눌려 아슬아슬하다. 오랜 가뭄에 누렇게 마른 잡풀처럼 아무렇게나 자란 갈색 곱슬머리, 구레나룻이 덥수룩하다. 그의 큼직한 이목구비에도 고속도로 가로대처럼 오랫동안 먼지가 눌러앉은 것 같다.

문인협회 월례회에 가는 길, I-5 고속도로 174번 나들목이다. 그와 약간의 거리를 두고 내 차는 초록 신호를 기다리고 있다. 올 들어 몇 번째 같은 자리에서 책을 읽고 있는 그를 보았다. 젊다. 옆에 놓인 "Homeless Help" 팻말이 아니라면 행위예술을 하는 젊은 예술가로 생각할 수도 있겠다.

그의 무릎에 놓인 책에 눈길이 간다. '저이가 정말 책을 읽고 있을까?' 순간, 보란 듯이 책장이 넘어간다. 지갑 안에 액수가 적은 지폐가 있는지 가늠해 본다. 일 불짜리 몇 개가 잡힌다. '아니지. 주지 말라고 했지.' 한 잔의 커피값도 안 되는 돈을 가지고 그를 볼 때마다 갈등한다. 그것은 돈의 문제가 아니라 돈을 주는 것이 그에게 도움이 되느냐 그렇지 않느냐의 질문에 대한 답이 늘 어정쩡하기 때문이다. 이 갈등의 상황을 종료시키는 구세주처럼 신호가 바뀐다. 앞차의 꼬리를 물고 재빠르게 좌회전한다.

어느 날, 마을의 산책로 끝에 있는 마트에서 간단한 식재료를 사고 나왔다. 이미 날은 어둑한데 출구 앞에 어린아이를 데리고 있는 어미가 간절한 눈으로 한푼 도와달라고 했다. 도와주지 않으려면 눈을 마주치지 말았어야 했다. 속는다 치더라도 아이를 키우는 어미로서 어찌 그 장면을 지나칠 수 있겠는가. 물건을 사고 남은 돈을 다 주었다. 적선積善이란 선을 쌓는 것이다. 불쌍한 사람을 보면 돕는 것이 인지상정이 아닌가. 그런데 자초지종을 알게 된 가장한테 크게 혼이 났다. "그 여자는 구걸하기 위해 아이까지 이용한 거라고. 그런 어려운 사람들을 위해 쓰라고 우리가 세금을 내는 거라고. 그 사람이 그 돈으로 술이나 마약을 사면 어떻게 하느냐."고 한다.

월례회를 마치고 집으로 돌아오는 길은 내면의 갈등이 더욱 요동치는 시간이다. 시니어 아파트에 사는 선생님들을 모셔다드리면 귀

갓길은 자연스레 I-90로 연결된다. 그곳은 I-5 고속도로가 맞닿아 있는 곳이기도 하다. 고속도로에 진입하는 회전 램프(ramp)에 사람이 보인다. 차 앞으로 사람이 뛰어들까 더럭 겁이 난다. 발은 가속 페달 쪽에서 브레이크로 옮길 준비를 단단히 한다. 운전대를 잡은 손에도 힘이 들어간다. 어디서 학습된 것인지 알 수 없는 두려움이 힘줄을 팽팽하게 긴장시킨다.

램프 사이의 빈 공터에는 텐트들이 빼곡히 줄지어 있다. 도시의 먼지와 매연, 소음으로 가득 찬 틈새를 비집고 들어간 집 없는 사람들의 거처다. 불빛이 가득한 시애틀 다운타운은 낮보다 화려하고, 세련되고 멋진 스카이라인을 뽐낸다. 집없는 사람들은 저 많은 불빛을 보며 무슨 생각을 할까? 어느 도시의 건물 옥상에서 내려다보았던 밤 풍경이 떠올랐다. '저 수많은 불빛 가운데 내가 누울 한 평의 방이 없구나.' 한때 그런 생각을 했다. 도시의 불빛은 꿈을 꾸는 모두를 따라 비추어 주지는 않는다.

다시 I-90, 우리는 매리너스 야구게임을 보기 위해 세이프코필드에 가는 길이다. 주차장으로 들어가기 위해 길게 줄 선 차들의 흐름이 답답하다. 창밖을 보던 아이가 소리친다.

"와, 저기 텐트가 많다. 우리도 캠핑 가요!"

'아가, 저 텐트들이 캠핑텐트라면 얼마나 좋겠니?'

시애틀은 집 없이 떠도는 사람들이 해마다 늘어나는 도시다. 그 사람들은 고속도로 주변 공터나 다리 밑에 텐트를 치고 생활한다.

그들은 그곳을 정글(The Jungle)이라 부른다. 쓰레기 더미, 범죄, 마약과 술, 절도 등 여러 가지 문제들이 늘 그들 가까이에 있다. 어떤 사연으로 정상적이고 평범한 삶에서 밀려났을까? 정글에 사는 사브리나를 인터뷰한 영상을 보았다. 인생에서 가장 어여쁠 나이 스물셋, 4년째 다리 밑에 산다고 했다. 짧은 인터뷰에 그녀가 지나온 아픔과 고비마다 더 어긋난 이야기가 절절했다. 인터뷰하는 이가 세 가지 소원이 뭐냐고 물었다. "가족 간에 좋은 관계를 맺어보는 것, 마약을 끊는 것, 직장을 갖는 것." 집을 갖는 것, 일확천금을 얻는 것 등이 아닌 그녀의 대답은 너무나 단순해서 슬펐다.

그들이 어떤 사연으로 떠도는 별이 되었든, 그들도 우리와 똑같은 피조물이다. 우리가 일상에서 누리는 따뜻한 샤워, 깨끗한 그릇에 담긴 음식, 가족 간 안아주기, 이러한 소소한 것들이 누군가에게는 이룰 수 없는, 이루어지길 간절히 바라는 소원이기도 하다. I-5의 174 나들목에서 만난 그 젊은이, 그의 헝클어진 갈색 머리가 저녁 햇빛에 흩날리는 모습이 자꾸만 나를 놓아주지 않는다.

벨뷰 도서관의 풍경

책 냄새가 좋아서 무작정 도서관에서 자원봉사를 시작했다. 그러다 시간제로 서가를 관리하는 일을 하게 되었다. 미국에 와서 처음으로 가지게 된 정식 직장이다. 내가 일하는 벨뷰 도서관은 보유한 장서 수로도 워싱턴주 안에서 으뜸이지만, 여러 번 건축 대상을 받았을 정도로 건물도 아름답다. 서북미에 흔한 침엽수림의 원목을 사용하여 2층과 3층의 천장을 높이고, 유리창으로는 자연 채광이 한껏 들어오도록 했다. 그래서인지 곳곳에 놓인 화분 속의 식물들도 건강하다. 실내 조각품들 또한 도서관의 실내와 조화가 잘되어 있다. 자연히 일터로 향하는 길이 한층 즐겁다.

일층의 소설책 서가가 시작되는 기둥 앞에는 청동으로 만든 거북

이상이 있다. 이 거북의 등 위에는 많은 이야기가 조각되어 있다. 사시사철 푸른 전나무들이 우거진 숲과 그 사이로 흐르는 강물, 그리고 강에는 사람이 탄 카누가 떠 있고, 펄쩍 뛰어오르는 연어가 전하는 이야기를 듣는다. 그곳을 지나게 되면 항상 거북에게 인사를 한다. 엄숙하지는 않지만, 소설책들 속으로 들어가는 나만의 통과의례라고나 할까.

빽빽한 소설책들의 숲에 들어서면, 언제 저 책들을 마음껏 읽어보나 한숨이 저절로 나온다. 예전에 모국어로 읽었던 책들을 만나면 가슴 저리는 반가움이 있다. 익숙한 이름의 작가들, ≪로오드 짐≫을 쓴 조셉 콘래드, ≪그리스인 조르바≫를 쓴 카잔차키스, ≪킬리만자로의 눈≫을 쓴 헤밍웨이 등 이름만으로도 가슴이 두근거린다. 원문으로 읽어 보고 싶다는 갈증이 난다. 그러나 클리브 커슬러, 제임스 패터슨 등 처음 들어본 작가, 처음 들어보는 책 제목이 대부분이다. 작가들에 대한 빈약한 지식은 영어 독서에 게으른 이민자임을 느끼게 한다.

도서관에서 일을 시작한 후, 시간이 지날수록 책들도 나에게 정답게 말을 건낸다는 것을 알게 되었다. 한 번도 내 이름으로 책을 출판해 본 적이 없지만, 작가들이 처음 자신의 책을 출판하게 되었을 때의 감격과 그 과정의 즐거움과 창작의 고통이 고스란히 내게 전해오는 것 같다. 가장 귀한 분의 책장을 정리하듯 단정하고 경건한 마음으로 일하게 된다.

도서관 남쪽의 벽면은 거의 유리로 되어 있다. 일하면서도 잠깐씩 바깥 풍경을 즐길 수 있다. 잔디밭에는 지적인 두뇌를 상징하는 커다란 머리 실루엣 조각상이 있다. 그 앞에서 웃통을 벗고 공을 주고받는 청년들, 강아지를 데리고 도서관 앞으로 산책을 나온 사람이 만들어 내는 풍경이 정답다. 빨갛게 물들어가는 단풍나무 아래에는 벤치가 있다. 인도 사람들이 돈을 모아 건립했다는 간디의 동상도 있다. 간디는 지팡이를 들고 어딘가를 향해 부지런히 걷는 모습이다. 누군가가 걸어놓은 화환이 간디의 동상에 걸려 있다. 단아한 간디의 동상과 주변의 가을 단풍이 잘 어울린다.

그 풍경 안쪽으로는 편한 소파에 기대어 책을 읽는 사람들이 있다. 저녁 시간에는 학생들이 많이 몰려와서 공부하고 토론하는 광경을 본다. 어떤 날에는 벽 쪽으로 놓인 책상마다 한국말을 하는 학생들로 북적인다. 한국인의 학구열이 여기서도 끊이지 않는다. 서가에 책을 꽂으면서 무수히 들리는 모국어에 내가 한국에 있는 것이 아닌가 하는 착각마저 들곤 한다.

도서관에서 일하면서 보면 매번 만나는 사람들이 있다. 그중에 한 사람은 학생들에게 수학을 과외하는 목소리가 매우 굵은 남자다. 그의 갈색 구레나룻과 반짝이는 귀걸이가 인상적이다.

"함수는 말이야, 마치 마법의 상자 같아. 뭐든 그 속에 들어갔다 나오면 상자의 마법에 따라 모습이 변하게 되지."

그 근처를 지나다니며 책 수레를 다 비울 때까지 본의 아니게 그가 학생에게 하는 말을 아주 세세하게 다 듣게 된다. 원하든 원치 않든 간에 그의 강의를 청강하게 된다. 잘 가르쳐서인지 몇 시간 동안 끊이지 않고 학생들이 있다.

기억이 나는 또 한 사람은 별명이 치즈맨인 제프다. 제프는 긴 사자 머리를 산발한 늙수그레한 남자다. 씻지 않아서인지 그가 앉은 책상 근처에 가면 고약한 냄새가 난다. 진동하는 지린내 때문에 주위를 지나가는 이들이 모두 코를 쥐고 피하기 일쑤다. 그 때문에 자연스럽게 그에게 붙은 별명이 치즈맨이다. 아마도 염소 젖으로 만든 치즈 냄새를 맡아본 사람이라면, 이 별명을 전적으로 수긍할 것이다. 치즈맨은 집이 없는 사람인 것 같다. 아침에 도서관 문을 열 때부터, 저녁에 문을 닫을 때까지 이층의 한 귀퉁이에 앉아 수 권의 책을 쌓아놓고 읽는다. 짐작하기에 그는 학자였는데 뭔가가 꼬여서 그렇게 된 것 같다. 아니면, 원하는 것이 뭐냐고 묻는 알렉산더 대왕에게, 자신 앞을 비추는 햇빛을 좀 가리지 말아 달라고 했다는 그리스 철학자 디오게네스가 환생한지도 모르겠다.

뭐니뭐니해도 도서관에서 일하는 가장 큰 즐거움은 책과 더불어 지적인 자극을 받는다는 점이다. 도서관은 많은 사람들이 미래를 설계하며 희망을 충전하는 곳이다. 꿈을 꾸는 사람들의 따끈따끈한 열정을 항상 만날 수 있다. 그리고 나도 그 열정을 나누어 받는다. 읽을 책을 찾은 사람들의 만족스러운 표정과 집에 가서 즐길 음악, 영화를 찾아서 기쁜 표정으로 돌아가는 사람들을 보는 것은 언제나 즐거운 일이다.

일을 끝내고 돌아오는 길에는 백일몽을 꾸기도 한다. 늘 밀고 다니는 책 수레를 타고 하와이의 높은 파도에 서핑하듯이 서가를 돌아본다. 그리고는 책들과 신나게 왈츠를 춰본다. 밤이 깊어지면 유리벽 아래에 침낭을 펴고 아직은 북극의 큰곰자리를 비롯한 수많은 별들이 제대로 보이는 시애틀의 밤하늘을 보며, 책들과 함께 잠이 든다. 곤한 잠에서 깰 때쯤이면 신데렐라가 마법이 풀리는 시간이 되어 허둥지둥 돌아가야 하듯 침낭을 눈 깜짝할 사이에 말아 넣어야 할 것이다. 도서관의 책들도 아무 일도 없었다는 듯이 시치미를 뚝 떼고 일상으로 돌아와 순한 아침 햇살을 서가로 불러들이고, 도서관 문이 열리길 기다리며 복도에 몰려있는 사람들에게 그 넓은 품을 내어줄 것이다.

까마귀의 시간

아스팔트길 위에는 빗방울이 떨어지고 있다. 차가워진 날씨에 나뭇잎들도 덩달아 떨어져 길에 넙죽넙죽 들러붙는다. 비를 맞아 떨어지는 낙엽처럼 마음이 무겁다. 이렇게 비가 오는 날, 새들은 다 어디로 가서 날개를 쉬고 있을까? 춥다. 문득 이런 생각을 하면서 홈디포 상점의 주차장으로 들어섰다. 오래된 욕실의 고장난 곳을 고칠 부품을 사기 위해서이다.

주차장으로 들어가는 입구에는 추적추적 내리는 비에도 아랑곳하지 않고 많은 남자들이 삼삼오오 모여 있다. 그 사람들은 일감을 기다리는 일용직 근로자들이다. 홈디포는 건축과 정원 등 주거와 관련된 자재를 파는 대형 체인점이다. 집이나 정원 공사를 하려는 사람들이 드나들고, 그 사람들은 일손이 필요하게 마련이다. 입구에 서 있는 사람들은 일손이 필요한 사람들에게 일당을 받고 일하러 간다고 했다. 일꾼들의 대부분은 아메리칸 드림을 꿈꾸며 왔을 남미 계통의 사람들인 것 같았다.

차를 서행하며 코너를 돌다가 그들을 흘깃 쳐다보았다. 그중에 한 사람이 눈을 마주쳤다. 그는 손을 흔들며 하얀 치아를 드러내고 웃는다. 아차, 실수했구나! 나에게는 그가 기다리고 있는 일감이 없다. 죄를 진 것 같아 얼른 눈을 돌렸다. 일감을 찾지 못한 사람들은 그날 하루를 어떻게 먹고 살까? 저 젊은 장정들에게도 식탁에 음식을 가져오길 기다리고 있는 가족들이 있을 텐데…. 아침 나절이 꽤 지났는데 일거리를 찾지 못한 그들의 실망과 돈을 들고 돌아오길 기다리는 가족들의 모습이 겹쳐진다.

회사에 고용된 사람들도 일용직과는 걱정의 급이 다르지만 먹고 사는 일에 대한 고민이 있다. 회사원들이 형편은 낫지만 가족들을 먹여 살리기 위해 안간힘을 쓰는 것은 다르지 않다. 회사라는 안전장치가 있는 것 같지만, 해고되는 즉시 먹고사는 문제와 맞부닥치기 때문이다. 이웃에 사는 K는 성실하고 다정다감한 가장이다. 그는 요즘에 일거리가 없다. 3년 전에 정리해고된 다음 계약직을 옮겨 다니며 일하고 있다. 그런데 계약직의 경우, 같은 회사에서 일하려면 일 년에 3개월은 쉬어야 한다는 것이다. 일 년 내내 일하면 회사가 연금, 건강보험료 등 복지혜택을 지불해야 하는 것을 피하기 위해서 그렇게 고용한다.

얼마 전에 남편도 다니던 회사의 부서가 없어지는 바람에 새 직장을 찾아야 했다. 고용조건은 전보다 더 좋지 않았고 첫 3개월은 의료보험도 지원이 안 된다는 조항이 있었다. 전에는 회사에서 80%의 보험료를 내주었는데 그 보험에 계속 남으려면, 우리 4인 가족은 이제 천삼백 불에 달하는 의료보험료를 매달 내야 한다는 것이다. 그래서 보험료를 적게 내되, 치료할 일이 생기면 천 불까지의 초기 비용을 우리가 감당하는 보험으로 몇 달을 버티기로 했다. 이제 아이들에게 독감 예방주사도 마음 놓고 맞히지 못하는 상황이 되었다. 남편은 가운뎃손가락을 꼬아 보이며, 제발 이 석 달 동안은 아무도 아프지 말아라 한다.

미국에서 팔자 좋게 살려면 아주 가난하든가 부자로 살든가 둘 중에 하나여야 한다는 얘기를 들었다. 어중간하면 복지 혜택도 못 받고, 돈 걱정하며 노후를 보내야 하지만, 아무것도 가진 것이 없으면 정부가 다 알아서 필요한 것을 주니 오히려 걱정이 없다는 이야기다. 수입이 일정기준 이하이면, 돈 안드는 의료보험에, 무료 방과 후 프로그램에, 무료 급식에 아무 비용도 낼 필요가 없다. 이런 제도에선 낮은 보수의 직장을 다니며 마지노선에서 허덕이며 사는 것보다 오히려 가난한 자로 남는 것이 더 쉬운 일일지도 모른다. 남에게 의지 않고 자신의 힘으로 산다는 자부심과 그 가치를 뺀다면 말이다. 그런데 그렇게 살려고 작정하면 자녀들에게도 그것이 대물림되는 경우가 많다고 한다.

직업에는 귀천이 없다고 했다. 세상의 곳곳에는 쉬운 일과 고된 일, 돈을 적게 받는 일과 많이 버는 일이 아주 다양하다. 하지만 중요한 것은 이 모든 일이 세상에는 필요하다는 점이고 열심히 일하면 풍족하든 그렇지 않든 먹고사는 일은 그럭저럭이라도 해결되어야 한다.

사람들은 안정적인 수입을 가져오기 위해 너무나 많은 노력을 쏟아 붓는다. 품위를 유지할 정도의 경제력, 남에게 돈 벌리지 않아도 되고, 남이 도움이 필요할 때 조금이라도 나누어줄 수 있는 여유, 가끔은 즐겁게 남과 어울릴 수 있는 여유가 있기를 원한다. 그러려면 생활비 외에도 약간이라도 저축을 할 수 있는 벌이가 되어야 한다. 그런데 그것이 쉽지 않다. 전에 친구가 하던 말이 생각난다. 부자로 잘 먹고 잘살자는 것도 아닌데, 사는 것이 왜 이리 팍팍한지 모르겠다고.

먹고사는 일에 너무 매달리다 보면 주객이 전도되어 가족을 위해 일한다고 하면서도 정작 가족들과의 관계에 꼭 필요한 소중한 시간을 희생하는 우를 범하고 만다. 일에 찌들려 자주 짜증을 내고 마음도 조급하게 먹기 쉽다. 이러다 보면 배우자나 자녀들의 행동에도 인내심을 잃고 화부터 내게 된다. 조금이라도 더 벌려고 노력만 할 게 아니라, 적은 수입으로도 규모있게 쓰는 법을 배우고 가족들의 사랑을 윗자리에 놓아야겠다.

필요한 부품 값을 치르고 홈디포를 나왔다. 아직도 빗방울이 떨어지고 있다. 검은 까마귀 한 마리가 모이를 찾아 주차장의 빈 곳을 두리번거리고 있다. 차가 다가가도 날아가지 않고 견디는 강심장이다. 까마귀는 사람이 다가가도 날아가지 않고 조금 옆으로 비켜갈 뿐이다. 까마귀의 걸음이 이상해서 보니, 한쪽 발을 제대로 펴지 못해 발을 오그린 채 바닥을 딛고 있다. 부상을 당한 후, 그렇게 걷는 것이 익숙해진 모양이다. 불구가 된 다리를 비틀거리며 까마귀도 차가운 아스팔트에서 먹이를 찾고 있다. 때론 비굴해도 살아 있음은 귀한 것이다.

예전에 누가 농담삼아 묻던 말이 떠오른다. 당신은 살기 위해 먹느냐? 먹기 위해 사느냐? 참 단순하면서도 어려운 질문이다.

어머, 한국말 하시네요

가슴을 두근거리며 우편함을 열었다. 제발 받지 말았으면 하는 편지. 하지만 로고도 선명한 KCLS의 하얀 봉투가 있다. 벌써 몇 번째인가.

"인터뷰에 응해 주셔서 감사합니다. 훌륭한 지원자가 많았고, 우리는 이 자리에 적합한 다른 지원자를 뽑았습니다. 다음에 응시할 때에 이 인터뷰의 영향은 없습니다. 우리 기관에 기여하고자 하는 당신의 노력에 감사합니다."

인터뷰를 한 사람들은 채용되었을 때는 전화로, 안 되었을 경우에는 편지로 통보를 받는다. 결코 반갑지 않은 이 편지의 내용을 이제는 달달 외울 지경이 되었다.

내가 지원한 곳은 킹카운티 도서관(King County Library System)이었다. 책과 도서관에서 만나는 사람들이 좋았다. 또한, 도서관이 운영되는 방식도 너무나 매력적이었다. 대출카드 하나로 관내 48개 어느 도서관에서나 100권까지 4주간 책을 빌릴 수 있고, 또 아무 도서관에나 책을 반납할 수 있다. 먼 곳에 있는 책을 집 가까운 도서관으로 배달해 주기도 한다. 외국어 도서와 잡지, 신문도 다양하게 구비되어 있다.

수년 전, 시애틀에 와서 이민짐을 풀었을 때는 영어도 시원스럽게 하지 못하고 늘 한글로 된 읽을거리에 목말랐다. 그런데 우연히 들른 공공 도서관에서 한국어로 된 신문과 잡지, 소설책을 만났을 때의 반가움이란. 그 후 이곳 도서관의 매력에 푹 빠져 지냈다. 그런데 중국말을 하는 직원, 일본어를 하는 직원도 여럿 있는데, 한국사람들이 꽤 많이 도서관을 이용하는데도 한국말을 하는 직원은 만나지 못했다. 그 역할을 내가 해내고 싶었다.

킹카운티 관내 도서관은 사서직원을 채용할 때, 인력 은행제를 시행하고 있다. 먼저 이력서와 지원서를 심사한 후에, 2단계로 전화 인터뷰를 통과하면, 3단계에선 두 시간에 걸쳐 면접관 인터뷰가 있다. 그리고 마지막 4단계로 현장 실무능력 평가가 있다. 이들 점수를 합산해서 인력 은행에 들어간다. 개별 도서관에서 직원 채용을 공지하면, 인력 은행에 있는 사람들이 지원하고, 지원자 중에서 점수가 높은 다섯 명에게 인터뷰 기회를 준다.

다행히 나는 인력 은행 점수가 높은지, 원하는 지역 도서관에 자리가 날 때마다 인터뷰 기회를 가질 수 있었다. 그러나 인력 은행에 들어갈 때와는 달리, 직접 채용하는 지역 도서관의 인터뷰 결과는 늘 신통치 않았다.

어떤 옷을 입을 것인지, 어떤 대답을 할 것인지, 모범 답안을 만들어 연습도 하였다. 인터뷰 직전에는 두근거리는 가슴을 진정시키고, 영어가 술술 잘 되도록 기도했다. 그러나 결과는 늘 좋지 않았다. 처음이니까 다음 기회에 잘하자. 이번엔 잘한 것 같은데 왜 안 됐지? 아마도 그 사람들과 잘 아는 사람이 응시했나 보다. 긴장하지 말고 웃으면서 좀 더 편안하게 할 걸 그랬어. 처음 몇 번은 이렇게 스스로를 위로했다.

어느 날은 인터뷰 직전에 한국 가게에 갔는데 우황청심환이 번쩍 눈에 띄었다. 청심환을 먹으면 긴장이 덜해 편안하게 말을 할 수 있으려나? 청심환을 집어 들었다. 잘 아는 가게 아저씨가 왜 청심환을 사느냐고 물었다. 사연을 듣더니, 아저씨는 남의 속도 모르고 껄껄 웃었다.

"아니, 그 나이에 뭘 떨고 그래요? 편안하게 해서 되면 되고, 안 되면 안 되는 거지. 속 편하게 생각하세요."

그러나 우황청심환을 먹고 차분하게 인터뷰를 했는데도 결과는 마찬가지였다. 내 영어 때문인가? 삼십 대 중반에 이민 온 내가 어떻게 이곳에서 대학을 졸업한 사람처럼 영어를 완벽하게 한단 말인가?

의사소통에 문제가 없을 정도면 다른 장점을 보아서라도 좀 뽑아주지. 그 면접관은 아시안을 안 좋아한다는 소문이 있던데, 정말인가? 아니다. 그 사람도 자기가 생각하는 최고 적임자를 뽑으려고 했을 뿐, 나를 싫어할 리가 없어. 기도를 열심히 하지 않아서일까?

인터뷰 후에 받은 거절 편지가 쌓여갈 때마다 이렇게 잡다한 생각으로 얼굴이 화끈거리고 마음이 일그러졌다. 정말 성실하게 잘할 수 있는데, 왜 나를 몰라 주나? 대답 몇 번 잘하는 걸로 어떻게 사람을 다 알아본다는 것일까? 이제는 영어를 하며 밥을 먹고사는 일은 포기해야 하는 것일까? 뭐 거대한 일에 도전하는 것도 아니고, 가족에 도움이 되도록 일정한 수입을 가져오고, 여가 시간에는 하고 싶은 일을 하는 것이 내 작은 목표일 뿐인데 좌절의 연속이었다. 어느 날은 출퇴근하기에 다소 먼 거리까지 인터뷰하러 갔다. 인터뷰를 잘하고 나서는 '이번에 되면 어쩌나!' 걱정까지 하면서 나왔다. 결과는 '혹시나' 했는데 '역시나'였다.

오기가 생겼다. 나의 가치를 알아줄 사람이 있을 거란 믿음을 버려서는 안 된다고 생각했다. 내게 가장 알맞은 직장을 아직 못 만났을 뿐이라고 믿었다. 채용이 안 되었다는 편지들도 버리지 않고 차곡차곡 모아 두었다. 이 일은 이제 내가 꼭 이겨야 하는 게임이 되었다. 지금 고비를 넘기지 못하면 이 좌절감을 가지고 평생 이민 생활을 할 것이란 생각에 고개를 세차게 흔들었다.

이력서를 새로운 스타일로 작성하고, 내가 일할 수 있는 거리의 도서관에 부지런히 대체 근무를 다녔다. 누가 결근을 했을 때, 대신 근무하는 일이었지만 그곳에서 일하는 사람들은 잠재적으로 나를 고용할 사람들이었다. 부지런히 일하고, 모르는 것은 열심히 배웠다. 다양한 사람들에게서 일을 배우니 좋은 점도 많았다. 특히, 사람들과 어색하지 않게 대화를 이끌어가는 법을 알게 되었다. 식물 가꾸기가 취미인 사람들과는 올해 화단에 무엇을 심었는지, 개를 키우는 사람들에게는 개에 대해 궁금한 것을 물어보고 개 키우는 이야기도 들어주고, 자녀가 있는 사람들과는 아이들 교육 이야기, 미혼인 사람에게는 요리 이야기나 맛집 등에 관해 이야기하다 보면 금방 친해지고 같이 일하는 것이 즐거웠다. 누군가 나에게 말을 걸어주길 기다리는 것이 아니라, 내가 다가가니 사람들도 나를 기억해 주었다.

드디어 사람들이 싫어하는 숫자 13번째 도전을 하는 날이 왔다. 하필 그날은 금요일이기도 했다. 하지만 어느 날 고속도로에서 본 택시 뒷면에 적힌 전화번호를 생각하며 마음을 다잡았다. 한국사람들이 보면 기절할 444-4444가 택시 회사 전화번호였다. 사람들의 상식이란 이렇게 허무하게 무너질 수 있는 것이다. 불행한 '13일의 금요일'이 될 것인가, 통념을 뒤엎게 될 것인가. 다른 때보다 더 열심히 준비하고, 면접관들이 권하는 의자에 앉았다.

살아오면서 가장 큰 실수는 무엇이었나요? 당신이 이룬 가장 큰 성취는 무엇인가요? 팀원이 일에 대해 불평을 할 때는 어떻게 할

건가요? 당신은 우리 기관의 다양성에 어떻게 이바지할 수 있나요? 스트레스는 어떻게 해소하세요? 왜 이 직장을 원하시나요? 이 인터뷰는 어떻게 준비했나요? 마지막으로 질문 있나요?

침착하게, 가끔은 미소를 지으며 또박또박 대답했다. 마지막 질문엔 면접관들에게 물었다. 여러분은 무엇이 좋아 이 직장에 몸담게 되었나요? 제가 앞으로 일하게 된다면 무슨 조언을 해 주고 싶으세요? 인터뷰가 끝났을 때, 앉아있던 면접관이 일어나 눈을 마주치며 악수를 청했다. 나도 손에 힘을 주어 악수를 했다.

며칠 후에 마침내 전화를 받았다. 아, 이제는 인터뷰를 하지 않아도 되는구나! 무엇보다도 나 자신에게 부끄럽지 않은 것이 제일 좋았다. 몇 번 실패하다 보면 그 일을 포기하기 쉽다. 상처받는 것이 두렵기 때문이다. 열두 번이나 불합격 통지를 받았다. 그때마다 몰려드는 열패감과 싸우는 것이 가장 힘들었다. 그러나 잘 이겨내었다.

지난봄에는 외국어 도서 관련 서비스 향상을 위한 위원회의 일원이 되어 활동하였다. 어떻게 하면 영어가 부족한 이민자들을 위해 더 나은 서비스를 할 수 있을까를 집중적으로 논의하여 도서관 정책 결정에 반영하는 위원회였다. 거기에 참여함으로써 한국어를 비롯한 외국어 서적을 더 적극적으로 배치할 수 있는 계기를 만들기 위해 노력했다.

도서관에 영어가 서툰 한국사람이 오면 알아보고 묻는다.

"한국말 하세요? 제가 한국어로 도와드릴 수 있습니다."

"어머, 한국말 하시네요!"

깜짝 놀라며 반가워하는 사람들이 모국어로 원하는 책을 빌려 가는 모습을 보면 기쁘다. 내가 한국에서 온 것을 아는 타민족 사람들이 서툰 한국어로 인사를 건네기도 한다. '아니영하세요?' '캄싸함니다.' 그들의 호의에 기분이 좋아진다. 나도 모르게 한국을 대표하는 느낌이 든다.

이제는 포기하지 않고 열세 번이나 도전한 것을 자랑스럽게 이야기할 수 있다. 나아가 누군가가, 저이도 하는데 나도 할 수 있다, 이렇게 생각할 수 있다면 좋겠다. 열두 통의 거절의 편지들을 차곡차곡 정리하여 넣어둔 상자를 열어본다. 나의 도전의 힘이 이 상자에 있다.

금발 미녀 사서와 문신

아이들에게 동화를 읽어주는 그녀는 왜 팔에 문신을 새겼을까? 몇몇 중국 엄마들이 수군거렸다. 아름다운 금발의 사서가 책장을 넘길 때마다 옷소매를 비집고 나온 팔목에서 푸른 무늬가 넘실거렸다. 간혹 어깨나 팔에 장미나 하트 등의 작은 문신을 한 여성을 보기는 했으나 그녀처럼 온 팔뚝에 다 문신을 한 경우는 처음이었다. 자꾸만 그녀의 팔뚝으로 눈이 갔다.

내 또래가 문신했다면, '너, 좀 놀았냐?' 누가 물을지도 모른다. 등을 휘감는 용 무늬나 팔뚝 문신은 뉴스에 심심찮게 나오는 조폭의 상징이 아니던가? 팔을 따라 올라간 용이 그녀의 하얀 등을 휘휘 감아 올라 여의주를 움켜쥔 모습, 아니면 호랑이가 으르렁거리며 발톱을 세우고 있다가 나올지도 모르겠다는 동화적인 공상을 했다. 그녀의 팔등에 호랑이가 숨어 있다가 동화를 들으러 온 귀여운 아이들을 하나하나 납치해 가는 …

같이 일하게 되어 조금 친하게 된 후, 동화책을 읽어주던 그 사서에게 팔뚝의 문신을 좀 보여줄 수 있는지 물어보았다. 그녀는 미소를 지으면서 천천히 소매를 걷어 올렸다. 푸른 파도가 넘실대고 있었다. 파도 위에 오리가 한 마리가 헤엄치고 강으로 연어 한 마리가 뛰어올랐다. 뭍이 나오자 키가 큰 전나무 한 그루가 우뚝 솟아 있고 푸른 산맥이 펼쳐지고 하늘엔 매가 날고 있었다. 한 폭의 수묵화가 그녀의 팔꿈치를 돌아 어깨까지 감싸고 있었다. 팔뚝을 휘감고 있는 용, 혹은 날카로운 이빨을 드러낸 호랑이 등 나의 상상은 여지없이 빗나갔다.

사서는 아주 친한 친구의 예술작품이라고 했다. 그녀에게서 예술작품을 몸에 새겼다는 자부심마저 느낄 수 있었다. 어쩜 그렇게 섬세하게 새겼을까? 편견을 내려놓고 보니 그 문양이나 음영이 도자기에 새겨진 그림보다 섬세하고 아름다웠다. 문신에 대해 품었던 생각을 그녀에게 들키지 않아서 천만다행이었다.

엄마의 쭈글쭈글한 팔뚝에도 푸르스름한 문신이 있었다. 푸른 점이 세 개 나란히 찍혀 있었다. 처음에는 절에 다니던 엄마가 팔에 향을 태우는 의식을 하며 생긴 점이 아닐까 생각했다. 팔베개하다 심심하면 엄마의 팔뚝을 들어 그 점들을 살펴보곤 했다. 어느 날은 엄마에게 그 점에 대해 물어보았다.

"이 점은 부처님 점이 아니다. 어렸을 때 동무하고 같이 찍은 점이란다. 전쟁이 나고 여자고 남자고 일본 사람들한테 끌려가고 무서운 때였지. 혹여 우리가 어찌되어도 나중에 알아보도록 동무하고 징표 삼아 찍은 것이지."

엄마는 담담하게 말했다. 팔에 문신 점을 찍을 만큼 엄마는 친구들과 우정이 돈독했을까? 엄마는 그 후 동무들과 그 점들을 맞대볼 기회는 있었을까? 그 푸른 점 세 개는 결혼하기 전에 엄마가 저지른 작은 일탈이 아니었을까 하는 생각이 든다.

어느 시대나 평균적인 잣대를 거부하고 밖으로 뛰쳐나간 젊은이들이 있었다. 20여 년 전에는 머리를 노란색으로 염색하는 젊은이들이 지탄받았다. 그보다 더 전에는 여학생들이 바지 교복을 입는 것을 허락하지 않았다. 그리고 남학생들의 머리가 긴 것도 경찰의 단속 대상이 되던 시대도 있었다. 그러나 지금은 아무도 노란색으로 염색하는 것이나 성형하는 것, 심지어 남자들이 화장하는 것에 대해 특별하게 말하지 않는다.

사람들은 자신과 다른 모습이나 행동을 민감하게 알아차린다. 같고 다름을 구분하려는 행동은 본능인 것 같다. 강아지가 낯선 소리에 귀를 쫑긋하며 예민하게 반응하는 것처럼 말이다. 우리는 다른 사람들과 같은 취향을 가지거나 어울릴 때 소속감을 느끼고 안심한다. 그리고 조금 독특한 취향을 가진 사람들을 경계하거나 안 좋게 말한다. 반면 다른 사람들과 뭔가 다르게 보이고도 싶어 한다. 다른 사람들이 가지지 않는 것을 가지려고 하고 튀고 싶어 한다. 같으면서 달라 보이고 싶어 하는 이중적인 욕구이다.

금발의 미녀 사서와 문신. 사람들의 개성과 취향에 대해 다시 생각하게 된다. 몸에 문신이 있다는 것만으로 혹은 피어싱을 했다는 것만으로 사람을 부정적으로 판단하는 일은 유보할 수 있겠다. 유연한 사고는 겉모습의 다양성을 인정하는 것에서부터 출발하는 것이 아닐까 생각해 본다.

어느 날 학교에 얌전한 여학생이 머리를 초록색으로 염색하고 왔다. 아이들이 머리에 대해 이것저것 묻고 왁자지껄했다. 조용했던 아이가 그런 관심을 받고 싶어서 혹은 달라보이고 싶어서 초록색 염색을 시도했는지는 알 수 없었다.

"예쁘게 잘됐네. 나도 보라색으로 머리를 염색해 보고 싶어. 나라고 보라색으로 염색하지 말라는 법은 없으니까."

진심이었다. 점점 경직돼 가는 사고체계를 흔들어 줄 작은 일탈을 꿈꾼다.

놈이 나타났을 때

뒷마당에 녹음이 제법 짙어졌다. 몇 개나 열렸나 싶어 하나둘 열매를 세어보던 자두나무 아래에 머위가 어린아이 키만큼 우거져 있고 참나물 군락도 담장 아래 빽빽하다. 뭐가 나올까 무섭다는 옛말이 생각났다. 이곳을 좀 정돈하려고 낫을 들고 나섰다.

갑자기 뭐가 스르르 빠르게 지나갔다. 십수 년을 이 지역에 살았지만 처음이었다. 텃밭 쪽으로 달아나는 그의 뒷모습에 긴가민가하였다. 그런데 진짜였다. 그 때문에 우리 집에는 때 아닌 소동이 일어났다. 자지러진 내 비명을 듣고 아이들과 남편이 마당으로 급히 달려 나왔다.

"뭐야, 뭐야?"

"어어, 저기, 저기."

내가 고개를 반대 쪽으로 돌리고 그가 있는 방향을 가리켰다. 통나무 의자 밑에서 모습을 드러낸 녀석은 몸을 길게 늘어뜨리고 있었다. 남편은 놀라기는커녕 반색을 했다. 놀란 나를 달래 주지는 않고, 녀석을 놀라게 했다고 오히려 나를 나무랐다.

"캐스케이드 산맥 서쪽에는 독 있는 애들이 없어요."

아들도 거들었다.

"너는 그걸 어떻게 확신하니? 기후가 변해서 독 있는 무서운 놈들도 이곳으로 이사 올 수도 있는 거잖아?"

확신에 찬 아들과 남편의 말에 그 녀석을 자세히 살펴보니 갈색 바탕에 노란 줄 세 개가 등을 지나가고 있다. 녀석은 우리가 하는 말을 알아듣기라도 하는지, 고개를 빼꼼히 들고 우리를 쳐다본다. 그리고 붉은 혀를 날름거린다. 스르륵스르륵 날렵하게 몸을 움직이며 다니는 모습이 호기심 많은 아이처럼 똘망똘망하다. 마음을 진정하고 자세히 보니 귀여운 구석도 있다.

가족들의 반응에 두려움이 사라졌다. 기념사진이라도 찍어 두어야겠다는 생각에 카메라를 찾아 나왔다. 기록영화라도 찍어 달라는 듯 큰아이가 갑자기 녀석에게 다가가더니 몸통을 집어들었다. 녀석은 몸을 꼬아 아이의 팔을 감았지만 그다지 싫은 것 같지는 않았다.

"엄마, 우리 집에는 애완동물이 없으니까, 얘를 펫으로 삼아요."

아들의 말에 남편도 동의했다. 나는 기절할 듯이 안 된다고 펄쩍 뛰었다.

우리 집에 출현한 녀석은 며칠 동안 내 화제의 단골 주인공이 되었다. 직장 동료인 크리스티나는 뜻밖에도 녀석에 대한 평이 칭찬 일색이었다. 달팽이를 비롯한 해충도 없애주고, 텃밭 작물에도 해를 끼치지 않는 유익한 동물이니 잘 지낼 수 있도록 보살펴 주라고 말했다. 가족들의 반응에 이어 그녀의 말에 나는 다시 한 번 신선한 충격을 받았다.

내게 녀석의 이미지는 일관되게 일그러져 있었다. 최초의 인류를 낙원에서 추방되게 유혹한 놈이다. 그 독은 귀중한 생명을 앗아가기도 해서 언젠가 언니는 목숨을 잃을 뻔했다. 징그럽고 무시운 녀석은 무조건 피하는 게 상책이었다. 그런데 녀석이 유익하다고? 그리고 식구들은 한울타리 안에서 같이 살 것을 제안하고 있다! 그날 이후로 텃밭에 나갈 때마다 녀석이 있나 살피는 버릇이 생겼다. 통나무 의자 밑의 자갈 틈까지도 살펴보게 된다.

녀석의 갑작스런 출현으로 나는 가치의 면역체계가 와르르 무너지는 것을 느낀다. 사람들이 경험으로 얻은 지식은 어디까지 유용한 것일까? 특히, 상식이라는 것을 생각해 본다. 놈은 징그럽다. 그러나 정작 자신은 징그럽다고 생각하지 않을 것이다. 징그럽다는 것은 주관적인 판단이다. 놈은 무섭다. 사실 진짜로 무서운 놈이 있고, 우리 마당에 나타난 녀석처럼 무섭지 않은 놈도 있을 것이다. 그러나 내 상식으로는 그 족속들은 모두 무서운 놈이었다. 그러니 절대로 그들은 가까이해서는 안 되는 놈들이었다.

놈들을 무서워하지 않는 사람들이 사는 이 땅은 내가 자란 땅과는 다른 토질을 가졌음이 분명하다. 이 땅은 가끔씩 내가 가진 기존의 가치 판단의 체계를 통째로 뒤집으라고 한다. 직장에서는 이번 달을 LGBT 프라이드 달(LGBT Pride Month)이라고 한다. 레즈비언, 게이, 양성애자, 트렌스젠더를 지칭하는 약자가 LGBT이다. 그들이 옳다, 그르다 판단하지 않는 것에 그치지 않고, 그들을 이해하고 격려하도록 권장한다. 그래야 쿨한 사람이다.

그러고보니 뱀이란 글자도 오늘따라 무척 친근하게 생겼다.

벽과 틈

비 내리는 소리가 소란스러워 몇 번이나 잠에서 깼다. 물 마시러 내려와 불을 켜니 벽에 못 보던 흔적이 있다. 뭔가 꾸물꾸물 기어내린 것 같다. 가까이 다가가 만져보니 축축하다. 천정부터 길게 줄을 그으며 흘러내린 것이 영락없는 빗물이다. 깜짝 놀라, 곤히 자는 남편을 황급하게 깨웠다.

생각해 보니, 집을 살 때 서류에 굴뚝의 틈을 메우라고 한 것이 있었다. 대수롭지 않게 여기고 여러 해 겨울을 나는 동안, 틈이 벌어지고 이끼들이 자라서 드디어 빗물이 실내로 스며드는 지경에 이른 것이다.

미장일하는 사람을 불러 당장 고치자고 남편을 채근했다.

"간단한 걸 왜 몇 백 불이나 주고 사람을 사서 해. 내가 할게!"

남편은 자기가 고치겠다고 호언장담했다. 인터넷에서 굴뚝 수리하는 법을 뒤지더니, 시멘트 포대를 사 들고 왔다. 그리고 큰아이와 한나절 지붕 위에서 시끌벅적하였다.

며칠 후 또다시 많은 비가 왔다. 그런데 이번에는 전보다 더 많은 줄이 생겼다. 빗물이 마치 경주라도 하듯이 줄줄이 벽을 타고 스며들었다.

'그러니까 처음부터 사람을 쓰자니까 고집을 부리더니….'

속이 부글부글 끓으며, 고함를 지르고 싶은 마음이 불길처럼 타올랐다. '참을 인, 참을 인, 참을 인.' 참을 인이 세 번이면 뭐도 면할 수 있다고 했겠다! '참을 인' 덕에 남편과의 말다툼을 간신히 면했다.

당장은 비 때문에 미장일을 할 수 없었다. 우선 천막 포장을 사다가 벽난로의 굴뚝을 싸 놓기로 했다. 천막을 들고 남편과 함께 지붕에 올라갔다. 붉은 벽돌로 쌓아 올린 굴뚝을 살펴보았다. 지난번에 남편이 땜질했던 곳은 깨끗하게 보였다. 그러나 나머지 부분은 부풀어 오른 몰타르에 파릇파릇 이끼가 자라고 있었다. 그리고 까마귀가 물어뜯었는지 몰타르 조각들이 굴뚝 주변에 흩어져 있었다. 차가운 겨울비 속에서 남편과 천막으로 굴뚝을 동여매는 동안 만감이 교차했다.

살다 보면 방심하다가 낭패를 당하는 경우가 어디 벽에 비 새는 일뿐이랴! 매일 자동차를 이용하면서도 앞뒤 타이어 위치를 교체해 주지 않아 수명이 훨씬 짧아진 타이어가 결국은 고속도로에서 펑크가 났다는 얘기, 베터리가 방전되어 낯선 곳에서 곤란을 겪었다는 일 등, 들은 이야기만도 허다하다.

부부 사이도 그렇다. 오래 살다보면 아무리 견고한 사랑이라도 틈이 생기기 마련인 것 같다. 서로의 티끌이 전봇대처럼 크게 보이는 시기, 서로에게 무덤덤해지는 시기, 이런 시기가 벽돌 틈새를 메우는 몰타르에 문제가 생기는 때가 아닐까? 이 틈을 제때 메우지 않고 방치하면 치유하기 어려운 지경에 이를 것이다.

멀리 사는 친구에게서 전화가 왔다. 재혼한 배우자와 헤어졌다고 한다. 두 번 다 열렬히 사랑해서 결혼한 것으로 알고 있다. 학창시절 친구 중 아직까지 연락하고 지내는 친구다. 꿈도 많고 마음도 꽃같이 고왔던 친구에게 어째서 이런 일들이 생겼을까? 누구의 잘잘못을 떠나 파경을 맞은 친구가 겪었을 마음의 고통이 전해져 왔다. 부모 때문에 아이가 감당해야 하는 몫은 또 어쩔 것인가?

결혼한 지 20년쯤 되는 또 다른 친구는 배우자에 대한 실망으로 견디기 어렵다는 고백을 한다. 지금 상태라면 부부 사랑이 순식간에 싸늘하게 식을 것 같아 너무 두렵다고 했다. 한창 자라는 아이는 셋, 생의 한가운데에서 절망하는 그녀의 모습이 눈에 밟힌다.

굴뚝을 포장하고 내려와 시린 손을 녹이며 벽을 관찰했다. 벽에는 빗물이 흘러 내린 누런 자국이 줄줄이 나 있다. 남편을 원망했던 내 마음의 흔적이라도 되는 양 민망스럽다. 곧 페인트칠을 새로 해야겠다. 사실 오래된 집이라 해마다 뭔가 고치거나 바꿔야 할 일이 꼭 생긴다. 그런데 집이나 차에 문제가 생겼을 때는 오래된 탓으로 원인을 돌리면 그만이다.

그러나 사람 사이는 그렇게 간단하지 않다. 연륜이 쌓일수록 단단히 뿌리가 깊어지는 정원의 수목처럼 될 수는 없는 것일까? 시간이 흘러 견고했던 벽에 틈이 생기는 것처럼 사랑하는 사람들의 마음에 틈이 생길 때, 사람들 사이에는 더욱 끈끈하고 새로운 몰타르가 필요하다. 우리는 무엇으로 이 몰타르를 만들어 가야 하는 것일까? 서로의 존재에 대해 고마워하는 마음, 작은 것이라도 가진 것에 늘 감사하는 마음이 아닐까?

바특한 관계

오늘 모임에서 어쩌다 강된장 이야기가 나왔다. 요즘 인기 절정인 텔레비전 요리 프로그램 때문이었다. 진행자의 말투를 흉내내 보았다.

"된장을 고추장과 섞어서 쌈장을 만들잖아유. 어렸을 때 엄니가 가마솥에 밥을 지을 때 밥솥에 넣어 두면유 밥물이 들어가서 된장처럼 짜지도 않고 참 맛있었슈. 풋고추를 강된장에 분질러 넣고, 텃밭에서 기른 상추에 밥을 싸 먹으면 반찬 없는 여름에도 살이 올랐지유. 말 그대로 밥도둑이었지유."

그러자 뒤질세라 또 다른 이가 장단을 맞춘다.

"된장은유, 가능하면 시골 된장이 좋은디, 요즘은 대부분 사 먹잖

아유. 간혹 짙게 변색이 된 것도 있는디, 맛에는 이상이 없으니 걱정할 것 읎어유. 된장 네 스푼, 고추장 한 스푼, 풋고추 두어 개, 두부는 작게 깍둑썰기로 하구유. 호박, 버섯이나 쇠고기 같은 것이 있으면 넣어도 좋겠쥬. 파도 준비하고. 원하는 재료를 넣거나 빼두 돼유. 찜통에 찔 때는 물은 안 넣어도 돼유. 몸에 좋다는 양배추랑 같이 찌면 일석이조겠쥬? 불에 직접 올릴 때는 물을 자작하게 부어서 바짝 끓여야 돼유."

누군가 자신의 추억까지 보탠다.

"부산에서 대학을 갓 졸업하고 첫 직장에 다닐 때였어요. 멀리 용인으로 가서 도시화 되어가는 어느 변두리 시골 동네에서 자취를 하게 됐어요. 저녁에 퇴근할 무렵이면 늘 피곤하고 배가 고팠지요. 대문을 들어서면 주인집은 마루에 둘러앉아 저녁식사를 할 때가 많았어요. 제가 대문을 들어서면 주인아주머니는 내게 손짓하며, "얼른 이리 와, 같이 밥 먹어." 하며 부르곤 하셨어요. 고향 인심을 그대로 느낄 수 있었지요. 고향에선 밥 먹을 때 사람이 오면 그냥 안 보내잖아요. 속으로는 거절을 해야 한다고 생각하면서도 못 이기는 척 주인댁 두리반에 끼여앉아서 밥공기를 맛나게 비우곤 했지요. 그때 강된장 맛을 알게 되었어요. 작은 뚝배기에 된장찌개라고 하기에는 낯선 걸쭉한 된장이 들어 있었어요. 다슬기 살이나 다진 고기 같은 것이 들어 있어 밥을 비벼 먹거나 쌈에 얹어 먹으면 정말 맛있었어요. 혼자서 밥을 먹다가 아주머니네 두리반에 앉아 같이 먹던 밥이니 얼마나 더 맛있었겠어요. 그 후로 강된장은 제겐 잊을 수 없는 아주머니의 인정이에요.”

사실 강된장을 찔 때 절대 빠지면 안 되는 양념이 있다. 사람들과 같이 먹던 추억이다. 이것이 진정한 강된장 고수가 될 수 있는 비법이다. 어떤 이는 섬진강에서 물놀이하며 자라던 어린 날의 추억을 보태기도 할 것이고, 또 누구는 좁은 골목길에서 연탄재 뿌리며 겨울을 났던 추억을 보태기도 할 것이다.

요즘은 혼자 밥을 먹는 사람들이 너무 많다. 오죽하면 혼자 먹은 밥을 ‘혼밥’이라 할까. 하지만 적어도 강된장을 먹을 때만은 사람들을 불러서 같이 먹어야 한다. 그게 진짜 강된장의 맛이기 때문이다. 방금 딴 싱싱한 쌈 채소와 함께 놓인 강된장 뚝배기, 거기에 적어도 숟가락을 서너 개는 걸쳐 놓는 게 어떨까. 윤기가 자르르 흐르는 강된장. 생각만 해도 군침이 돈다.

오늘, 우리는 왜 그렇게 강된장에 연연하며 아득한 추억들을 호출했을까. 사실 우리는 옛날보다 더 편리한 기구들을 쓰고, 좋은 차를 타고, 더 좋은 집에 살고 있다. 하지만 우리가 물질적으로 풍요로워진 것만큼 그와 비례해서 더 행복한가. 풍요로울수록 우리가 잃어 버리는 것은 없는지? 가난했던 때가 좋았다고 말하는 것은 아니다. 그러나 가난했기 때문에 누릴 수 있었던 것들도 분명 있었다. 단순하고 소박함 속에서 나오는 마음들이다. 없는 중에서도 서로 배려하고 살펴주는 인정이 있었다. 이웃끼리 층간 소음으로 원수처럼 지내지도 않았고, 고독사나 혼밥이란 말이 없었다. 스스로 세상과 인연을 끊는 비율도 지금처럼 높지 않았다.

물을 자작하게 붓고 바특하게 끓인다는 강된장. 사람들 사이도 너무 느슨하지 않게 좁은 장소라도 자주 모이고, 서로 비교하는 것 없이, 흉허물 없이 있는 그대로 즐기는 바특한 강된장 같은 관계를 만들어야 하지 않을까.

모임이 파하고 모두들 돌아간 뒤에도 내 머릿속에는 계속 강된장이 맴돌고 있었다. 맛있는 강된장을 생각하며 만면에 희색을 띠고 실없이 웃고 있는 나를 누군가 보았다면 자못 우스웠을 것이다. 다음 모임에서는 오랜만에 다슬기살을 다져넣은 강된장을 만들어야겠다.

더불어 사는 사회

가게 하나가 없어졌다. 콩나물 한 봉지, 두부 한 모가 필요할 때 1분이면 갈 수 있는 가까운 거리에 있던 가게였다.

지금 살고 있는 집을 샀을 때, 근처에 한국 식품점이 있다는 것이 정말 좋았다. 한국에서 흔히 볼 수 있는 골목길의 구멍가게에 드나들 듯이 그 가게에 드나들었다. 반찬가게 아주머니는 만삭이었던 나를 보고, 해산하면 미역국을 끓여 줄 테니 꼭 알려달라고 하셨다. 그 때 뱃속에 있던 둘째는 이제 2학년이 되었다. 큰아이가 한국말로 인사하면, 한국말을 잘한다고 칭찬하시며 김밥을 거져 주시기도 했다. 아이들은 그런 칭찬을 듣고 한국말을 더 열심히 배웠다.

아이들이 과자를 고르는 동안, 나는 장을 보곤 했다. 그 주에 세일

하는 품목이 무엇인지 꼭 확인하고 그 품목들을 골랐다. 내가 얼마나 알뜰하게 샀는지 스스로 뿌듯했고, 제값을 다 주고 사는 것은 현명하지 못한 소비인 것처럼 생각했다. 일본 식품점보다 훨씬 싼 가격에 파는 야채가 싱싱하지 않다고 가끔 불평도 했다.

그런데 지난여름에 근처에 대형마트가 들어오면서 이 가게의 주인도 바뀌었다. 새로운 주인은 상품 진열대의 배치도 바꾸고, 야채 코너의 포장도 바꾸어 의욕적으로 가게를 시작했다. 그러나 몇 달이 채 지나지 않아, 가게의 문을 닫는다는 안내문이 붙었다. 가게가 문을 닫기 일주일 전부터 나는 특별히 살 것이 없는데도 거의 매일 가게에 들러서 무언가를 사오곤 했다. 반찬가게 아주머니는 곧 근처의 좋은 자리를 찾아 다시 오픈할 것이니 걱정하지 말라고 오히려 나를 위로해 주셨다. 추억이 서린 가게가 문을 닫는 것이 너무나 아쉬웠다.

그동안 피땀 흘려 모은 돈을 투자하여 가게를 인수했는데, 많은 손해를 입고 문을 닫아야 하는 그 가게 아저씨는 편한 잠을 자지 못하고 있을 것이다. 인정 많았던 반찬가게 아주머니, 보글보글 맛난 된장찌개를 끓이던 식당 사람들, 그리고 거기에서 오랫동안 일했던 멕시칸 아저씨들, 모두가 생각난다. 정말 빠른 시일 내에 목 좋은 곳에서 가게 문을 다시 열었으면 좋겠다. 그러면 우리 가족도 그 가게가 있던 자리를 지날 때마다 고개를 숙이고 슬픈 표정을 짓지 않아도 될 것이다. 고향 같았던 그 가게가 문을 닫은 후에야, 이웃과 더불어 사는 것을 생각해 볼 수 있게 되었다.

가끔씩 아이들을 데리고 가는 서점이 있다. 그 서점에 가서는 가끔 책을 사기도 했지만, 도서관에서는 많이 기다려야 하는 신간서적을 읽었다. 그리고 사야 할 책을 살펴보고는 온라인 쇼핑을 통해 훨씬 싼 가격에 산 적도 있다. 그리고 비싼 값을 지불하지 않은 것에 만족했다. 그런데 서점 입장에서 보면 나는 참 나쁜 손님이었다. 서점도 이윤을 남겨 직원들의 월급을 줘야 할 것인데 나 같은 소비자들만 있다면 지역에 있는 서점은 더 이상 그 자리에 지속되지 못할 것이다. 그리고 우리 아이들이 즐겁게 드나드는 장소들도 사라질 것이다.

책을 사 달라는 아이를 데리고 서점에 가서 책만 읽고 나왔던 다음 날이었다. 다시 서점에 들렀다. 아무 말 없이 아이가 원하던 신간을 한 권 사 주었다. 아이가 의아했던지 물었다.

"어제는 왜 이 책을 안 사주었어요?"

"응. 네가 갑자기 책을 사달라고 하니까 충동적으로 사 달라고 하는지, 진짜로 책을 사고 싶은지 알 수 없었거든."

마음에 일었던 변화를 아이가 눈치챌 리가 없다. 절약하면서 살아야 하는 것이 주부의 입장이기도 하지만, 대형마트, 온라인 쇼핑에만 눈을 돌릴 것이 아니라 내 이웃에서 장사하는 사람의 마음도 헤아려 제값을 주고 물건들을 사야겠다. 그래야 내가 즐겨서 다니는 이웃 가게들도 그 자리에 있어 줄 수가 있을 것이다.

"개점, 대박 세일! 기다리시던 그 식품점이 새 장소에 새롭게 문을 열었습니다."

문을 닫았던 그 식품점이 새 자리에 개점했다는 신문광고를 어서 빨리 보고 싶다. 그리고 경기가 회복되어 직장 생활하는 월급쟁이들이 부러워할 만큼 이웃의 가게들이 장사가 잘되었으면 좋겠다.

3부

쓰담쓰담

진주眞珠

썰물이 빠지는 낮 시간에 맞추어 시애틀의 앞바다로 나가는 페리를 탔다. 후드 커낼에 있는 브레머튼을 오가는 배다. 브레머튼에서 멀지 않은 곳에 트와노스 주립공원이 있다. 썰물이 큰 주말이 오면 우리는 가끔 그곳에 굴을 따러 가곤 한다. 굴이 얼마나 많은지 해변이 굴 껍데기로 덮여 있다. 해변에서 바로 까먹는 생굴은 단맛까지 듬뿍 들어있다. 새콤한 초장과 레몬도 곁들인다. 한번은 굴을 먹는데 입안에 뭐가 걸리는 것이 있었다. 발라내 보니 쌀알보다 조금 큰 진주였다. 뜻밖에 얻은 진주가 나에게 굴러온 행운인 것 같았다. 열쇠고리에 달린 작은 나무상자에 잘 넣어 두었다.

진주眞珠는 진짜 구슬이라는 그 이름처럼 사람들이 좋아하는 보석이다. 진주에는 화려한 다이아몬드의 도도함도 차가움도 없고, 금반지의 약속도 없지만, 두고두고 보아도 질리지 않는 부드러운 아름다움이 있다. 세련된 차림으로 모임에 온 우아한 부인의 모습을 떠올릴 때, 까만 드레스에 진주 목걸이와 귀걸이를 한 모습이 먼저 떠오른다. 진주는 화려한 장식이 있는 옷보다는 단아한 옷에서 더 영롱한 빛이 난다.

진주는 예술 작품에도 자주 등장한다. 존 스타인벡의 〈진주〉는 가난한 어촌에서 로또와 같은 행운을 가져다줄 커다란 진주를 찾은 사람과 그 진주를 빼앗으려는 주위 사람들의 탐욕과 갈등을 그렸다. 그러나 진주의 속성을 가장 잘 드러낸 작품은 〈진주 귀걸이를 한 소녀 (Girl With A Pearl Earring)〉라는 그림이 아닌가 싶다. 이 그림은 17세기 네덜란드 화가인 베르메르 (Johannes Jan Vermeer, 1632~1675)의 작품이다. 그 후, 쉬발리에(Tracy Chevalier, 1999)의 소설로 그림이 더 알려지게 되었고, 2003년에는 동명의 영화로도 제작되었다.

그림 속의 소녀는 머리에 푸른 수건을 감았다. 살포시 벌어진 입술은 호기심을 가득 담고, 고개는 약간 돌려서 정면을 바라보고 있다. 딱히 어떤 말로 설명할 수 없는 소녀의 신비스런 표정이 그림을 들여다볼수록 사람의 마음을 사로잡는다. 특히, 소녀의 귀에는 떨어질 듯 대롱거리는 진주 귀걸이가 아름답다. 소녀가 입은 저고리의 노란색과 머리에 두른 수건의 파란색의 대비는 밝고 선명하면서도 부드러운 베르메르 그림의 특징을 잘 나타내고 있다. 이런 매력 때문인지 사람들은 이 그림을 북구의 모나리자라고 부른다고 한다.

영화에서는 그림의 모델이 된 소녀가 베르메르의 하녀, 그리트라고 가정한다. 화실을 청소하는 그리트는 배우지 않았어도 타고난 예술적 감각을 지녔다. 이 때문에 두 사람은 예술적 영감이 통하는 사이가 되어 갔다. 그러나 베르메르는 이미 결혼을 했다. 부인은 질투심에 불타고, 베르메르의 후원자는 그리트에게 흑심을 품고 있다. 베르메르는 어느 날, 그리트의 귀를 뚫어 진주 귀걸이를 걸어주고 초상화를 그렸다. 그러나 아름다운 처녀 그리트는 예술가의 사랑이 될 수 없었다. 그리트는 그 두려운 운명을 피해, 자신을 사랑하는 마을 청년을 따라가 결혼한다. 얼마 후, 베르메르는 젊은 나이에 죽게 되고, 뜻밖에도 그 진주 귀걸이가 그리트에게 전해지며 영화는 끝이 난다.

이런 아픔을 가정해서인지 베르메르의 〈진주 귀걸이를 한 소녀〉를 가만히 들여다보고 있으면, 깊은 마법에 빠지는 것 같다. 세상에는 사람들의 이성과 노력으로는 이해하기 어려운 운명들이 있다. 이 운명의 아픔에 대해 말해 주는 것이 그리트의 진주 귀걸이가 아닐까?

자식이 태어났을 때, 세상의 모든 부모는 아이에게 빛나는 진주 목걸이만 걸어주고 싶었을 것이다. 그런데 세상은 사람들을 고난의 통 속에 넣고 흔들어 놓는다. 그 고통은 불우한 어린 시절의 기억일 수도 있고, 젊은 날의 실수로 말미암은 씻을 수 없는 죄책감일 수도 있을 것이다. 실연의 아픔일 수도 있고, 이루지 못한 사랑에 대한 회한일 수도 있다. 이혼을 겪는 고통, 그리고 병든 자식으로 인한 고통 등 헤아릴 수 없다. 고요한 새벽녘에 아무도 모르게 온몸에 번져오는 고통처럼 피하고 싶은 것은 없을 것이다. 이 깊고 깊은 상처는 없애려고 문지를수록 더 번지는 물감처럼 결코 없어지지도 않는다. 너무나 고통스러워 도려내어 훌훌 던져 버리고 싶은데, 그 상처는 이미 그 사람의 일부가 되어서 도려낼 수도 없다.

그럼, 세상 사람들이 아름다움에 감탄하는 진주는 어떻게 만들어지는가? 아름다운 진주 한 알 한 알도 사실 알고 보면 진주조개의 고통의 산물이다. 진주조개는 그 껍데기에 작은 해초니 뻘조개도 업어 키우면서 평화롭게 물살을 즐기고 있다가 갑자기 사고를 당한다. 무방비 상태로 늘어놓은 부드러운 살 속에 느닷없이 모래 알갱이 하나가 쏙 박힌다. 진주조개는 그 알갱이 때문에 아픈 자극을 받게 되고 고통스러우니까, 진주질로 그 상처를 감싸고, 또 감싸 안는다. 고통을 이겨내려는 이 행동은 조류에 진주가 쓸려나가거나, 조개의 수명이 다할 때까지 계속된다. 아이러니한 점은 진주조개는 살 속에 모래알이 박히는 고통의 시점에서부터 그 아름다운 진주를 만들어내기 시작하는 것이다.

우리는 누구나 고통이 없는 삶을 꿈꾼다. 그러나 상처 없는 영혼이 어디 있을까? 이 고통이 왜 내게 있느냐고 분노하고 원망하다가 스러져 가는 사람들도 있는가 하면, 그 고통을 인내하고 승화하여 더 겸손해지고 한층 성숙해지는 사람들도 있다. 나는 나이 마흔이 지나고서야 지울 수 없는 상처의 고통은 진주조개처럼 같이 안고 사는 법을 배워야 한다는 것을 알았다.

진주조개는 고통을 통해 영롱한 빛을 발하는 진짜 구슬을 만든다. 사람들이 사는 모습도 마찬가지이다. 고통을 이겨낸 사람들이 주는 감동이 아무런 고난도 없이 평온하게 사는 사람들의 그것보다 훨씬 크다. 견딜 수 없는 고통을 겪는다고 해서 그 생의 가치가 더 작아지는 것이 아니리라. 그러기에 베르메르의 〈진주 귀걸이를 한 소녀〉라는 명작에는 고통을 견디어 낸 사람만이 눈부시게 아름다운 영혼의 진주를 얻을 수 있다는 위로가 있다.

외출을 하려고 차에 시동을 건다. 열쇠고리에 달린 나무상자 안에는 오늘도 나만의 진주가 자라고 있다. 예쁘게 자라고 있다.

새끼샘

그 샘을 생각하면 참을 수 없는 갈증이 난다. 차가운 겨울엔 뽀얀 김을 내고, 여름엔 얼음처럼 찬 샘물. 노동으로 지친 아버지의 목을 시원하게 축여주고, 동네 아낙들이 어둠 속에서 깔깔거리며 등목을 하던 샘물. 그건 마을 사람들에게 마르지 않는 젖줄 같은 것이었다.

어린 나이였을 때는 그 샘이 너무나 신기했다. 더운 여름엔 샘물이 왜 그리 찰까? 왜 추운 날일수록 뽀얀 김을 내며, 오히려 따뜻할까? 이 샘이 무슨 요술이라도 부리고 있나? 샘의 깊은 아래에 용이 살고 있지는 않을까, 하는 전설 같은 것도 생각했던 것 같다. 도시로 나오고 시간이 많이 흘렀다. 부모님께서 모두 돌아가신 후, 고향을 생각하면 이 샘물이 먼저 떠올랐다.

문고리가 손가락에 쩍쩍 들러붙는 차가운 아침이었다. 방문이 활짝 열렸다. 갑자기 들이닥친 한기에 새우처럼 몸을 구부리고 팔딱거려 보았지만 얼마 버티지 못했다. 이불을 걷어내고 방문을 활짝 열어 젖힌 이는 아버지였다.

"얼른 인나 샘에 가서 낯 싹싹 씻고 와라잉."

아버지께 내몰려 이를 덜덜 떨며 샘에 갔다. 그 샘은 땅을 파서 만든 것이 아니었다. 언덕 아래 납작 엎드린 바위틈에서 물이 솟아 나왔다. 샘물이 머물다 흐르게 하는 석축은 우물 정 자로 네모 반듯하게 쌓아졌고, 그 위에는 두 기둥이 정갈하게 함석지붕을 받치고 있었다. 샘에선 모락모락 김이 올라오고 있었다. 때문에 추운 생각을 잠시 잊었다. 바가지로 하얗게 피어나는 김을 이리저리 건드려 보았다. 그리고 물을 퍼내 세수를 했다.

무더운 여름에는 들에서 일하다 점심 드시러 오신 아버지가 맨 먼저 찾는 것도 이 샘물이었다. 물을 길어 두어 집 건너 우리 집에 오는 사이, 누런 양은 주전자에는 아버지의 이마처럼 땀이 송글송글 맺혔다. 아버지는 물을 그릇에 따라 아주 달게, 그리고 오래도록 들이켜셨다. 물그릇을 내려놓으며, 어! 시원허다, 추임새를 넣는 것도 늘 잊지 않으셨다.

여기까지는 어느 마을에나 있을 법한 샘이지만, 이 샘이 고향에 대한 기억의 앞자리에 자리 잡은 이유가 사실은 하나 더 있다.

이 샘에서 조금 떨어진 옹색한 곳에 새끼샘이 있었다. 아이 몸

하나 들어갈 정도의 작은 동굴 안에 졸졸 물방울이 떨어져 조그마한 물웅덩이를 만들었다. 새끼샘이라고 한 것은 큰 샘이 옆에 있으니까 그렇게 부른 것 같았다. 새끼샘은 평소에는 누구 하나 눈길을 주지 않았다. 하지만 마을 누구네 집에서 홍역을 앓거나 안 좋은 일이 있을 때는 큰 샘을 사용하면 안 되었고, 그럴 때는 새끼샘을 사용해야 한다는 촌락의 불문율이 있었다. 전염병이나 나쁜 기운이 이웃에 퍼지는 것을 막기 위한 장치였을 것이다. 어려움에 처한 이웃을 격리하는, 약간은 인정머리 없는 이유로 생겨난 이 샘에 대해서 다시 생각하게 된 것은 어느 해, 고향을 방문했을 때였다.

당시에 남편의 직장도 잘 풀리지 않고, 첫아이를 낳은 지 얼마 안 되어 경제적으로도 한 치의 여유가 없었다. 초췌한 모습으로 고향을 찾았을 때, 우선 늙으신 어머니께 웃음을 안겨드리지 못해 부끄러웠다. 그리고 이웃 사람들과 마주치는 것을 가능한 한 피하고 싶었다. 힘없이 고향집 골목을 돌아 나오는데 풀숲에 가려진 새끼샘이 보였다. 그때 한 가지 생각이 들었다. 새끼샘은 액운이 있는 사람을 격리시키는 역할만이 아니라, 힘든 일이 생겼을 때 사람들의 관심을 피하도록 배려한 것은 아니었을까?

살다 보면 누구에게나 슬픈 날이 있다. 상처는 다른 사람들과의 관계에서 풀 수 있는 것도 있고 스스로 회복해야 하는 것도 있다. 아무도 모르게 펑펑 울고 싶은 날, 갈 수 있는 새끼샘 같은 곳이 있다면 좋겠다. 실컷 울고 나서 동굴 안의 샘물에 가만히 얼굴을 비춰 보면 아픈 곳이 시나브로 치유될 것이다. 그리고 아무 일도 없던 것처럼 다시 큰 샘으로 가서 사람들과 어울려 왁자지껄한 즐거움을 함께할 수 있을 것 같다.

고향의 샘물은 마을에 상수도가 들어오고 나서도 좋은 물맛 때문에 그대로 살아남았다. 이제는 근동에서 알려진 명물이 되었다. 마을 사람들 몇몇은 샘에 파이프를 꽂아 부엌으로 물을 끌어들이고, 가까운 도시 사람들은 큰 물통을 가져와 물을 담아 간다. 하지만 새끼샘은 언제부턴가 없어져 버렸다. 마을 길을 넓히면서 개울과 함께 시멘트로 포장이 되어 버린 것이다. 그 사실을 알았을 때, 나는 마음 한구석이 뭔가를 잃어버린 듯 허전했다. 새끼샘은 아직도 아픈 사람들이 자기를 찾아주길 기다리며 깜깜한 길 밑에서 흐르고 있을 것 같다.

그녀의 왼손

나는 그녀의 왼손입니다. 그녀는 하얗고 긴 손가락들을 가지고 있습니다. 그녀는 일할 때는 늘 장갑을 끼어 날 보호해 줍니다. 손을 씻고 난 다음에는 정성스럽게 로션도 발라 줍니다. 무슨 이유인지 그녀는 날 가장 공들여 가꾼답니다.

그런데 얼마 전, 그녀는 검지를 크게 베이고 말았습니다. 손가락 마디 부분이 하마터면 잘릴 뻔했습니다. 순간적으로 위기감을 느낀 그녀가 손가락을 눌러 지혈을 했습니다. 꽁꽁 동여맨 손가락은 이내 상처 부위가 부어올랐고, 나는 아프다는 비상벨을 계속 울렸습니다. 세 바늘 정도는 꿰매야 할 상처인 것 같았는데, 그녀는 병원에 가지 않았습니다. 귀여움을 받던 나는 실망이 컸습니다. 평소에 나를 애지중지하던 모습과는 전혀 달랐기 때문이었습니다. 그녀는 연고와 통증을 가라앉히는 약만 바르고 나서 손가락들을 주물러 마사지를 해 주었습니다. 그녀는 더 나쁠 수 있었는데 이만해서 다행이었다고 혼자 중얼거렸습니다.

사실 그녀의 왼손, 나에게는 남들이 잘 모르는 상처가 여러 개 있습니다. 그녀는 혼자 있을 때, 가끔 손가락들을 하나하나 살펴보며 그 흉터들을 쓰다듬어 주곤 하지요. 마치 그녀의 아기들이 잘 있나, 하는 것처럼요. 길쭉한 흉터와 초승달 모양의 흉터가 교차하며 약간 굽어진 가운뎃손가락, 반달 모양의 흉터가 남아 있는 넷째 손가락, 실 같은 흉터가 있는 새끼손가락, 이중에 가운뎃손가락을 제외하면 대부분은 언제 다쳤는지 기억도 나지 않는 흉터들입니다.

가운뎃손가락의 흉터는 그녀가 아홉 살 무렵에 생긴 것입니다. 지금은 하얗고 세련된 손을 가지고 있지만, 사실 그녀는 아주 가난한 산골에서 태어났습니다. 시골에선 부지깽이도 일한다는 봄 농사철이었지요. 청소와 풀 베는 일부터 저녁밥 짓기까지 부모님을 도와드려야 할 일은 항상 넘치고도 넘쳤답니다. 어느 날, 어린 그녀는 새끼를 단단히 꼬아서 만든 작은 꼴망을 갖게 되었습니다. 아버지가 만들어 주신 작은 꼴망을 메고 신이 나서 풀을 베러 갔지요. 숫돌에 잘 갈린 낫도 덩달아 춤을 추었습니다. 그러다 그만 그 번쩍이는 날에 가운뎃손가락이 순식간에 물리고 말았습니다.

새빨간 핏방울이 풀잎에 뚝뚝 떨어지고, 비릿한 피 냄새가 피어올랐습니다. 서로가 제 탓이라는 듯 쩍 벌어진 상처가 너무나 두려웠습니다. 그리고 너무 떨렸습니다. 어린 그녀는 쑥을 짓이겨 붙인 아픈 손가락을 움켜쥐고 조용조용 울었습니다. 아무도 달래주지 않는 설움보다 조심하지 않았다고 혼날 것이 더 무서웠나 봅니다. 집으로 돌아가던 그 들길에는 뻐꾸기 소리도 아릿아릿하고 아까시꽃도 시릿시릿 바람에 떨어졌습니다. 그녀는 그때의 슬픈 길을 지금도 눈에 선하게 그려냅니다. 상처는 깊었습니다. 그 후 가운뎃손가락은 약간 굽어지게 되었고 초승달 모양의 큰 흉터가 생겼습니다. 몸에 생긴 상처는 시간이 지나면 아물기 마련입니다. 그러나 그녀의 마음에는 손보다 더 많은 생채기를 가지고 있었답니다.

그녀는 가난한 집안 형편으로 중학생이 되면서부터 객지생활을 했습니다. 가난하고 비좁은 둥지에서 밀려나 나무 밑에 떨어진 가엾은 어린 새처럼 불우한 시절이었습니다. 그때는 번득이는 낫이 아니라, 날아드는 비수 같은 말들로 큰 상처를 입곤 했습니다. 학교를 마칠 때까지 자존감을 대신한 열등감이 늘 그녀를 따라다녔습니다.

아물지 않은 상처는 아프다는 신호를 보냅니다. 아픔을 느끼는 것은 살아있다는 신호입니다. 아파야 상처가 있는 줄 알고 치료하려고 합니다. 그러나 아픔에 반응하는 사람들의 태도는 가지가지입니다. 꾹 눌러 참고 삭이다 폭발하는 사람이 있는가 하면, 아프다고 고래고래 고함을 지르는 사람도 있습니다. 고통을 견디지 못한 채

세상을 향해 악다구니를 쓰기도 하고, 다른 사람들에게도 똑같은 상처를 입히기도 합니다.

그녀에게도 마음에 폭풍우가 치는 날이 있고, 해일이 몰려올 때는 저 심해에 가라앉았던 기억들이 자신을 덮치려는 일을 경험하기도 했지요. 그러나 상처는 후빌수록 더 아프다는 것을 알았습니다. 마침내 그녀는 상처에는 용서란 연고를 발라야 한다는 것을 깨달았습니다. 낫으로 상처를 낸 자신의 오른손부터 용서해야 한다는 것을 알았습니다. 그리고 그 상처들을 사랑하기로 했습니다. 그녀는 세상을 향해 까칠한 반항을 하는 대신, 자장가를 불러주듯 상처에게도 좋은 음악을 들려주었습니다. 그리하여 흉터가 있는 자리를 미워하지 않게 되었습니다. 이제 마음의 상처들이 있던 자리도 그녀의 고운 왼손처럼 더는 흉하지 않습니다.

그녀는 흉터 자국이 가득한 휑한 마음을 가지고 세상을 향해 악다구니를 쓰는 대신 아팠던 자리로 인하여 더욱 사려 깊고 강인한 마음을 가지게 되었습니다. 어느 시인은 노래합니다. “잘 익은 상처에선 꽃이 핀다.” 또 어떤 시인은 말합니다. “사랑하라 한 번도 상처받지 않는 것처럼.” 이 말들은 상처를 대하는 아름다운 두 가지 태도를 반영한다고 하겠습니다. 첫 번째는 상처를 통해 원숙해지라는 뜻인 것 같습니다. 그리고 두 번째는 상처받는 사람의 웅크린 자세를 벗어나, 자신을 참으로 사랑하라는 뜻인 것 같습니다.

나는 그녀의 상처가 있었던 자리에 어느새 꽃이 피었다는 것을 알아차렸습니다. 그녀는 상처를 통해 성장하고 변화하고 그 상처들을 자신의 일부분으로 사랑할 줄 알게 되었습니다. 누가 짐작이나 하겠습니까? 그녀의 고운 손에 그리 많은 상처가 있었다는 걸요. 또한 그녀의 마음에 켜켜이 깊은 생채기들이 있었다는 것을 말입니다. 그녀는 오늘도 나에게 정성스럽게 로션을 발라줍니다.

악처 일기

시애틀의 겨울 날씨는 매운 바람이 쌩쌩 불어 코끝이 찡하는 한국 날씨와는 다르다. 기온은 영하로 잘 내려가진 않지만, 흐린 하늘은 나무 끝까지 낮게 내려와 어두컴컴하기까지 하다. 으슬으슬 뼛속까지 파고드는 한기에 웬만한 체력이 아니고는 몸을 부르르 떨지 않을 재간이 없다. 게다가 비까지 자주 내린다. 어쩌다 잠깐 얼굴을 내미는 햇살은 너무나 약하다. 사람들은 그런 해라도 나오면 해의 휴식(sun break)라고 반가워하며 열 일 제쳐두고 밖으로 산책을 나간다.

날씨가 이렇다 보니 겨울마다 빠지지 않고 찾아 오는 손님이 몸살감기이다. 둘째아이가 감기에 걸려 잘 먹지도 못하고 열이 펄펄

끓었다. 쉴 새 없이 기침을 하는 아이 곁에서 약을 먹이고 시간시간 열을 재고 하다가 아이 옆에서 웅크리고 새우잠을 자곤 했다. 아픈 아이를 며칠 간호하다 보니 나도 기력이 쑥 빠져 바닥이 보였다. 그러나 '어미는 아플 권리가 없다.'는 의지로 버티고 버텼다. 드디어 아이가 다 나아 학교에 간 날, 모처럼 길게 낮잠을 잤다.

점심때가 지나자 뜻밖에도 남편이 일찍 집에 돌아왔다.

"몸이 안 좋아서."

남편은 목소리도 변하고 안색도 안 좋았다. 그래도 그냥 약 먹고 좀 쉬면 나을 줄 알았다. 밤이 되자 남편의 증상은 더 심해졌다. 먹은 것도 별로 없었는데, 소화기관까지 탈난 모양이었다. 자려고 누웠는데 줄기침에 코까지 팅팅 풀어대니, 가만히 있는 옆사람도 견디기 힘들었다.

"많이 힘들어?"

말은 이렇게 했다. '자기 몸 하나 간수 못하고 이게 무슨 주책이야, 아이구.' 속으로는 이런 생각이 절로 났다. 나라도 잠을 자야겠다 싶어 베개를 들고 옆방으로 피신을 했다. 아이가 아팠을 때는 밤새 토막잠을 자면서 간호하고, 내가 대신 아팠으면 좋겠다 싶을 정도로 안쓰러운 마음이 앞섰다. 그런데 남편이 아프니 동정심도 없이 짜증이 났다.

다음 날, 시어머니께서 무슨 일로 전화를 하셨다. 남편이 아파서 회사에 못 갔다고 말씀드렸다. 전화기 너머로 아들을 걱정하는 마음이 고스란히 전달되었다. 남편에게 치킨수프를 만들어 주면서, 남편이 어렸을 땐, 시어머니도 극진히 아들을 보살폈을 것이라는 생각이 들었다. 남편도 시어머니에게는 얼마나 사랑스런 아들이었을까. 생각과는 달리 남편에게 쌀쌀맞은 한마디를 했다.

"가까이서 걱정해 주는 어머니가 있으니까 당신은 좋겠다!"

아이들과 남편에 대해 이중적 잣대를 가지고 대하는 나의 태도는 여기에서 끝나지 않았다. 아이들에게 영양가 있는 과자를 만들어 주려고 호두나 잣을 사다 두었다. 남편은 심심할 때마다 이런 견과류를 꺼내어 먹었다. 어떤 때는 옆에서 우적우적 씹는 소리도 거슬렸다. 막상 과자를 만들려고 할 때, 호두가 조금밖에 남아 있지 않았었다. 그것 때문에 남편에게 불같이 화를 내었다.

흐린 날씨 때문인지, 어느 날은 매운 것이 몹시 먹고 싶었다. 저녁에 낙지볶음을 만들었다. 그런데 매운 고추를 너무 많이 넣어 지독히 매웠다. 나는 입안의 매운맛을 삭이려고 연거푸 우유를 마셔가며 먹는데, 남편은 아무렇지도 않게 아주 잘 먹는 것이었다.

"낙지볶음은 그 식당이 참 잘했는데…."

남편이 한마디했다. 듣기에는 은근히 그가 좋아하던 식당의 그 낙지볶음 맛이 안 난다는 투였다. 남편이 어디어디 시장 한 구석에서 팔던 만두 맛이 그립고, 어느 중국집의 깐풍기가 정말 맛있었다는 말을 하면, 나도 그 음식들을 간절히 먹고 싶어진다. 남편은 눈치 없이 또 시작이었다. 남편에게 더 먹을 거냐고 물어보지도 않고 낙지볶음 남은 것을 몽땅 냉장고에 넣어 버렸다.

다음 날 점심이었다. 어제 먹다 남은 낙지볶음이나 먹어야겠다고 생각했다. 그런데 냉장고 문을 열고 아무리 찾아도 낙지볶음이 보이지 않았다. 범인은 오로지 한 명! 분명히 밤중에 일어나 그것을 먹었을 것이다. 퇴근한 남편에게 낙지볶음을 먹었냐고 핀잔을 주었다.

"그게 맵지도 않아? 와, 지독하다. 한밤중에 자꾸 먹으니 살이 찌지."

"미안해. 다 먹어버려서…."

남편은 착하게도 미안하다고 했다. 그 후로는 남은 한국음식을 먹으려면 나에게 먹어도 되냐고 물어본다. 음식 가지고 남편을 구박한 것은 좀 심한 횡포였던 것 같다.

결코 여유롭지 않은 미국 생활에, 시간과 돈을 아끼려고 아이들의 머리를 직접 잘라 주고 있다. 그런데 언제부터인가 남편도 머리를 맡기기 시작했다.

"웬만하면 이발소에 가서 잘라요. 당신 머리 숱이 얼마나 많은지 알아요?"

그렇게 말하면서 곱게 잘라주지 않았다. 사실은 몇 푼 아끼려고 자신의 체면을 구길지도 모르는데, 서투른 나에게 머리를 맡기는 것이 얄미운 생각이 들어서였다.

"당신이 머리 만져 주는 것이 제일 좋아. 어서 잘라 줘."

남편은 애교작전을 펼치며 기어이 머리를 맡겼다. 남편은 아직

그럴 나이는 아닌데, 흰머리가 더 많다. 이발을 하고 난 다음, 흰머리가 태반인 머리카락을 쓸어담는데 내 마음에도 하얀 파도가 밀려왔다. 언제나 우리는 청춘남녀일 줄 알았는데…. 우리가 인연이 된 지도 이제 이십 년이 지났다. 그 사이에 아이 둘이 태어났다. 아이들을 키우느라 예전처럼 여행도 자주 다니지 못하고 교육비와 노후 대책을 걱정하며 살고 있다.

생활에 묻혀, 우리가 가슴 설레면서 거닐었던 바닷가의 일이나, 처음 손을 잡았던 산책길의 추억을 머나먼 옛일로 잊고 살았다. 가족들의 거친 반대에도 이 남자가 아니면 안 되겠다던 폭풍 같았던 그 감정은 어디에 비켜가 있는 것일까? 품안에 있는 시간이 20년이 안 될 아이들에게는 좋은 것을 다 주고, 평생의 친구이자 연인이고 보호자인 이 남자에게는 매번 박정하게 구는 나는 악처 중의 악처가 되어 있었다.

쓰담쓰담

"엄마, 또 두드러기가 났어."

한여름의 더위가 계속될 때, 나는 가끔씩 원인을 알 수 없는 두드러기로 고생했다. 그럴 때면 엄마는 측간 앞으로 데리고 가서 등을 동쪽으로 돌리라고 하셨다.

"측간 할매, 아이 두드러기 다 가져가 주소."

엄마는 수수를 털고 난 수수 머리로 만든 빗자루로 살살 등을 쓸어 주셨다. 수수 빗자루의 솔기들이 피부를 스치면 금세 시원해지는 것을 느꼈다. 그렇게 엄마가 몇 번 빗자루로 등을 쓸어 주고 나면 신기하게도 마음이 편해지며 더 이상 가렵지 않았다.

선풍기도 없었던 시골의 더위에 땀띠로 범벅되었던 일상도 밤이 되면 차분해졌다. 쑥이랑 생풀이랑 넣고 모깃불을 피운 마당엔 적당히 매캐한 연기가 퍼졌다. 가족 모두 대나무를 엮어 짠 평상에 앉으면, 느릿느릿 부채질에 모락모락 옛이야기도 피어올랐다.

"그때는 왜 그렇게 먹을 것이 없었는지 몰라. 나무껍질도 벗겨 먹고 나물 캐서 먹고 살았어. 전쟁이 난 뒤에는 쑥도 없었어. 한번은 쑥이 수북이 있어 좋아서 달려가 보니, 전쟁에서 죽은 사람의 뼈가 있어. 얼마나 놀랬는지 뒤로 벌렁 넘어졌다."

부지깽이로 모깃불을 뒤집어야 할 때쯤이면 말씀을 잘 안 하시는 아버지도 이야기를 거들었다.

"그날은 내가 여낭굴서 일하다가 깜깜해서야 풀 한 짐을 지고 내려왔는데, 거시기 각시보 있는 데를 지나는데, 바위에 뭔 허연 것이 앉아 있어. 하얀 소복을 입은 여자가 앉아서 머리를 빗고 있더라니까. 똥이 빠져라 내달았지. 혼이 나갈 뻔했어."

"여기 부채질 좀 해봐라. 아따, 시원하다."

이야기가 무르익을 때면, 찐 감자와 옥수수를 간식으로 먹었다. 운이 좋으면 엄마의 무릎을 베고 눕는 호강을 하기도 했다. 엄마는 부채질하며 어깨며 등도 살살 쓸어 주셨다. 농사일로 투박해진 손이지만 등을 스치는 느낌은 참으로 기분 좋았다. 엄마의 시큼한 땀 냄새도 무작정 좋았다.

쏟아질 듯 총총한 별이 수놓은 여름밤이 이슥해지면 은하수는 검푸른 하늘에 펼쳐놓은 비단처럼 아스라이 흐르고, 우리는 견우별,

직녀별을 찾았다. 저기 저 별은 무슨 별일까? 간혹 별똥별이 긴 꼬리를 흔들며 밤하늘을 스쳤다. 그러다 언제인지도 모르게 까무룩 잠이 들었다. 나는 분명히 마당에서 잠들었는데 아침에 깨어 보면 방에서 자고 있었다.

그런 평화로운 기억 때문인지 나는 유난히 누가 머리를 쓰다듬어 주는 것을 좋아했다. 머리를 쓰다듬는 일은 그 자체가 칭찬이고, 격려이며, 무언의 애정 표시다.

유모차가 대세인 미국에서 나는 아이들을 업어 키웠다. 사람들의 시선에도, 포대기로 아이를 업어 키우면 다리 모양이 휜다는 말에도 꿋꿋하게 포대기를 고집했다. 업힌 아이의 체온을 고스란히 받아들이며 행복했고, 아이도 내 체온을 느끼며 세상에서 제일 평화로울 것이라 믿었다. 칭얼대던 아이가 등에 업히면 쉽게 잠이 들었던 것도 이런 정서적 안정감 때문이었으리라.

그런데 지난 일 년, 사춘기에 접어든 아이와 만날 때마다 투닥거렸다. 아이 방은 정리해 준 지 하루가 안 되어 옷이 모두 방바닥에 널브러져 있었다. 식욕이 왕성해진 아이는 간식도 많이 찾았다. 그런데 반쯤 먹다 남은 과자봉지가 침대와 벽 사이에 끼어 있고, 음료수 병이 책상 서랍 안에 들어 있기도 했다. 갈수록 자신의 주변 정리를 더 못하는 아이의 행동이 기막혔다. 한번 시작하게 된 잔소리는 되돌아오는 말대꾸에 창문 밖까지 소리가 넘치며 끝나기 십상이었다. 잘못을 지적당하는 것이 싫은 아이는 같이 텔레비전을 보자는 내 청도 매몰차게 거절하곤 했다. 소파에 앉아 어깨에 팔을 얹고 머리를 쓰다듬어 주려고 했을 뿐인데.

이렇듯 자꾸만 티격태격하게 된 사춘기 아들과 이래서는 안 되겠다 싶었다. 그래서 시작한 일이 오가며 아이를 한 번씩 꼭 안아주는 것이었다. 야단치고 싶을 때도 일단 안아주었다. "아들! 저거 일부러 저기 둔 거야? 저기 두면 안 될 것 같은데…." 이런 식으로 대화를 시작한 다음부터는 서로 언성을 높이는 일이 드물어졌다.

"자장자장 우리 아기, 잘도 잔다. 우리 아기, 멍멍 개야 짖지 마라, 꼬꼬 닭아 우지 마라. 우리 아기 잠을 잔다, 자장자장자장."

아이가 어렸을 때는 어부바도 많이 해 주고, 매일 자장가를 불러주면서 쓰담쓰담을 해 주곤 했다. 생각해 보니, 우리의 관계가 엇박자를 내기 시작한 것은 신체 접촉이 드물어진 시기와 일치한다. 언제부터인가 아이를 안아 준다든지, 볼에 뽀뽀해 준다든지, 머리를 쓰다듬어 주는 일이 드물어졌다. 아이가 어렸을 때, 그토록 많이 눈 맞추고, 안아주고, 무릎에 앉혀 책을 읽어주던 기억을 나는 어느 시점에서 잊어버렸던 것이다. 다행히 너무 늦지 않게 그걸 깨달았다.

앞으로도 아이 때문에 화날 일이 많이 있을 것이다. 그때마다 야단치기 전에 먼저 꼭 안아 주리라. 훗날, 아이가 세상의 풍파에 두드러기가 나서 견딜 수 없게 가려워져 날 찾아오면 아무 말 없이 우선 등부터 쓸어주겠다. 수수비로 살살 등을 쓸어주던 어머니의 주문에 두드러기도 금방 괜찮아졌던 것처럼 아이도 평온한 마음을 회복할 것을 믿는다.

아이가 늦은 시각까지 안 자고 있다. 아직도 내가 다가가면 먼저 경계부터 하는 아이에게 "이제 자야지." 하고 이마에 뽀뽀해 준다. 아이는 더위에 잠이 안 오는지 어쩐지, 불을 끄고 돌아서는 나를 부른다.

"엄마, 쓰담쓰담해 줘."

쓰담쓰담. 자장자장과 더불어 내가 아들에게 가르쳐 준 제일 사랑스런 모국어다.

꼴찌를 기다리며

부드러운 바람에 반짝반짝 물비늘이 눈부시다. 해마다 지역의 보이스카웃 연맹에서는 워싱턴 호수에서 카누 경주를 한다. 머서 아일랜드를 한 바퀴 도는 릴레이 경기로 13마일을 여섯 구간으로 나누어 경주를 펼친다. 우리 아이는 3.7마일이나 되는 긴 구간의 레이스에 배정되었다.

아이가 통과할 지점에 서서 목을 내밀어 본다. 물살을 가르며 한 척의 카누가 다가온다. 다리 밑으로 힘차게 다가오는 카누에는 덩치가 큰 아이들이 노를 젓고 있다. 다른 팀 아이들이다. 그 팀이 첫 번째로 코스 중간 지점을 통과하였다. 우리 아이들이 아니었지만, "굿 잡!" 큰 소리로 격려하며 손뼉을 쳐 주었다. 남의 아이들이지만 참으로 장하게 느껴졌다. 우리 아이도 곧 이 지점을 지날 것이다. 마냥 어린아이 같았던 아들이 어느새 중학생이 되었다. 그리고 이런 도전을 통하여 홀로 나는 연습을 하는 중이라는 생각하니 가슴이 찡하고 대견한 생각이 들었다.

또 한 팀이 미끄러지듯 순조롭게 다리 밑을 통과해 간다. 큰 소리로 환호하고 손뼉을 쳐 주고 손수건도 흔들어 주었다. 아이들의 카누 근처에는 만약의 사태에 대비하기 위한 어른들의 동력보트가 한 대씩 따라간다.

어찌된 일일까? 까치발을 하며 보트가 오는 쪽을 쳐다보지만 두 팀이 지나고는 한동안 아무 소식이 없다. 좀 처졌던 세 번째 팀도 지나갔다. 이제 아들의 카누만 제외하고 모든 참가자가 다리 밑을 통과하여 결승점을 향해 사라졌다. 다리 밑을 통과한 참가자들의 부모들도 이제 다음 교대 지점으로 떠났다. 이제 마이클의 부모와 나만 남았다.

무슨 일이 생긴 것은 아닐까? 아이가 탄 카누는 감감무소식이다. 아이가 맡은 구간은 거의 4 마일이나 되니 아이에게 무리였던 것일까? 아이는 키도 작은 편에다 몸무게도 제 또래보다 30파운드나 적게 나간다. 너무 힘들어 중간에 포기한 것은 아닐까? 1분, 1초가 더디 갔다.

'아들아, 제발 중간에 포기하지만 말아다오.'

다른 팀들이 지나가고 20분 이상의 시간이 흘렀다. 마이클의 아빠는 사정을 알아보겠다고 자리를 떠났다. 마른 침을 삼키며 아이의 카누를 기다렸다. 드디어 아이들의 모습이 보이기 시작했다. '그래, 포기하지 않았구나.' 와락 눈물이 쏟아질 것 같았다.

아이가 탄 보트는 앞에 지나간 팀보다 1시간이 더 걸려서 다섯 번째 교대 지점에 들어왔다. 마이클과 우리 아이, 모두 얼굴이 반쪽이 된 것 같다. 힘차게 노를 젓지 못하는 우리 아이 때문에 마이클도 무척 힘들었나 보다. 아들은 마이클이 좀 잘 저어 보라고 했는데, 자기 팔이 길지 않아서 힘들었다고 말했다. 노가 물살을 깊게 가르지 않으니까 카누가 잘 나갈 수 없었다고 한다.

아들에게 포기하지 않고 끝까지 경기를 완주해서 정말 자랑스럽다고 안아 주었다. 일등을 했어도 최선을 다하지 않았다면 잘한 것이 아니다, 꼴찌를 하더라도 최선을 다했다면 자신에게 자랑스러운 법이라고 말해 주었다. 체구도 작고 노를 저어본 경험도 많지 않은데, 그렇게 긴 구간을 맡게 된 것부터가 불리하였다. 누구도 그 긴 구간을 하고 싶어 하지 않았던 것이다.

아들 팀이 꼴찌로 결승점에 들어오자 모든 경기 일정이 끝났다. 돌아오는 차 안에서 아들은 곧 곯아떨어졌다. '아들아, 사실은 엄마도 꼴찌란다. 네가 나의 힘이 되어 주었기에 나는 힘든 것도 부끄러운 것도 참고 달릴 수 있단다. 엄마는 힘들게 뿌리 내리려는 이민자다. 이민자는 출발점이 다르다. 출발점이 다르기도 할뿐더러, 경험 부족으로 매번 힘들지만 노력하고 있단다.' 아들에게 말해 주고 싶었다.

학창 시절에는 꼴찌를 해본 경험이 별로 없었다. 그런데 이민생활을 하면서 모든 것을 바닥부터 시작해야 하는 것을 받아들이기가 만만치 않았다. 영어만 잘해도 뭐든 할 수 있을 것 같았다. 언어를 마음 놓고 구사하지 못하니, 사람들이 나를 생각하는 것도 모자라는 사람으로 취급하는 것 같았다.

어느 날은 버스를 타고 가는데, 앞자리에 탔던 어떤 여자가 운전기사에게 쉴새 없이 떠들었다. 운전기사는 아무런 대꾸도 없고, 자세히 들어보니 횡설수설하는 것이 약간 정신이 없는 여자 같았다. 그런데 문득, 나도 저 여자처럼 영어를 잘할 수 있으면 얼마나 좋을까, 부러운 생각이 들어 깜짝 놀랐다. 언어장벽으로 인해 학력에 맞는 직장을 구할 수 없고, 언어가 덜 필요한 곳에서는 '오버퀄러파이드'라고 퇴짜를 맞곤 했던 시절이었다.

꼴찌는 남보다 더 느려 마지막에 도착하는 사람이다. 포기하고 싶고 아무도 알아주지 않을 것 같은 경주에서 마지막까지 포기하지 않고 가야 한다. 왜 꼴찌가 되었는가? 준비를 제대로 안 했거나 오랫동안 연습을 안 했을 수도 있다. 다른 선수들보다 조건이 안 좋았을 수도 있다. 하지만 창피함, 자괴감, 포기하고 싶은 충동을 극복하고 완주한 꼴찌라면? 아들이 이 기회를 통해 실패를 두려워하지 않고, 그것을 극복하는 방법을 알았으면 좋겠다. 꼴찌, 가끔은 일등보다 더 아름다운 이름이었으면 좋겠다.

토요일 오전 11시

둘째는 아빠와 운동하러 나갔다. 한 시간에 한 번씩은 뛰어다니고 싶어 하는 열 살짜리 아이는 곧잘 뒷마당에 나가 강아지처럼 일없이 왔다 갔다 한다. 소풍날 아이들이 이유 없이 뛰어다니거나 나무 기둥을 잡고 뱅뱅 맴도는 것처럼 아이는 길을 갈 때도 화단의 담이나 가장자리로만 걷는다. 혈기 왕성한 아이를 운동하게 데리고 다니느라 남편이 바쁘다.

열다섯 살의 큰아이는 아직도 잠잠하다. 아이는 동굴에 들어가 겨울잠을 자는 곰처럼 일어날 기미가 없다. 아침이라도 같이 먹자고 깨우는 날에는 겨울잠을 자다가 억지로 깨어난 곰처럼 으르렁거린다. 성난 곰이 아침 밥상을 휘저어 놓을 것을 두려워한 나머지 스스로 일어날 때를 기다리는 나 자신이 어이없다.

거실에는 햇살이 가득하다. 햇살을 등에 업은 아이처럼 내려오지 않게 어르며 곰이 벗어놓은 옷을 빨아서 개켜 놓고 있다. 곰은 늘 한쪽 바짓가랑이를 뒤집어진 채로 바지를 벗어 놓는다. 한쪽은 손으로 잡아당겨 내려 벗고 다른 쪽은 발로 눌러 빼내는 탓이리라. 세탁하기 전에 바짓가랑이를 뒤집으며 바지 좀 똑바로 벗으라고 잔소리를 해대지만 헛수고다. 큰아이의 옷만으로도 바구니가 가득하다.

큰아이가 중학교에 다니던 해에 남편이 실직했다. 나는 남편 대신 생활비를 버느라고 너무 바빴다. 그리고 다음 해는 새 직장과 장거리 출퇴근으로 너무나 고단하였다. 편안한 눈으로 아이를 지켜봐 줄 여유가 없었다. 아이가 옷소매를 물어뜯어 소매가 너덜너덜해져 돌아오는 날이 많았다. 구겨진 종이들로 뒤죽박죽된 가방 안에서 자꾸만 반토막으로 부러진 연필들이 나왔을 때도 아이를 어떻게 도와야 하는지 몰랐다. 아이가 학교생활에 잘 적응하지 못하고 방황할 때, 시간이 지나면 괜찮아질 줄 알았다. 너무나 상투적으로 '네 일이니까 네가 알아서 잘 좀 해 봐', '잘해라.'는 말만 반복했다. 그 무렵, 아이는 말수가 부쩍 줄었고 내가 옆에 가면 피해서 방으로 들어갔다. 그 중학교 3년 동안 아이는 얼마나 힘들고 외로웠을까?

내 뜻대로 따라주지 않는 아이를 보면서 나의 사춘기를 되돌아보게 되었다. 어른들의 세계는 찌질하고 불순한 요소들로 가득한 찬 것 같았다. 토요일 오후에 광안리 해변을 몇 시간씩 쏘다니며 집에 들어가지 않아 온 식구를 걱정하게 만들어 혼나기도 했다. 친구들과 마음이 어긋나기라도 하면 그 기분이 며칠씩 갔고, 아무도 나를 모르는 곳으로 가서 모든 것을 다시 시작하고 싶다는 생각에 사로잡히기도 했다. 고등학교 1학년 내내 학급에서 중간에 머물렀던 성적. 결국은 재수를 하였고, 재수하면서 누군가를 좋아하는 마음을 들켜 집안을 발칵 뒤집어 놓았던 일도 있었다. 가족들이 보기에 그 시절의 내가 얼마나 한심했을지 생각해 본다.

아이가 실수하는 것이나 방황하는 것을 성장의 한 과정으로 이해하지 않고 다그치기만 한 것이 아니었을까? 부모 마음에 아이가 조금만 더 열심히 하면 무한한 가능성이 있는데, 아이가 게으름을 피워 그 기회의 문을 점차 닫아 가는 것 같아 안달했다. 아이의 성적표가 '양가'집 도령의 모자를 쓰고 배달되어 왔을 때, 앞이 하얬다. 자식이 공부를 잘하던 것을 은근히 자랑스러워 하던 자존심이 땅에 떨어졌다. 그리고 내가 아이에게 뭘 잘못했나 자책하곤 했다.

아이는 아직도 잔다. 학교에 가지 않는 날이면 오전 내내 너무 자는 것 같아 아이 친구 엄마들에게도 물어보았다. 다른 엄마들의 대답도 아이들을 깨우지 않으면 오전 내내 잔다고 한다. 일 년에 10cm 이상 성장하는 아이에게 충분한 잠은 꼭 필요할 것이다. 큰아이도 열 살 때는 안 자고 저리 뛰어다니고 싶어했는데, 이제 저렇게 자야 하는 나이인가 보다. 자는 동안 성장 호르몬이 나와 몸도 크고 마음도 자랄 것이라는 생각을 애써 하며 나를 위로한다.

한글학교 중고등반 선생님이 카톡을 보냈다. 작문 시험 문제가 올라왔다. '나를 믿어주는 가족들이 있다. 나는 힘이 난다.'를 한 문장으로 만드는 문제였다. 한 아이가 답을 이렇게 썼다. '나를 믿어주는 가족들이 있기에 나는 힘들다.' 그 아이가 답을 잘못 쓴 것이기를 바란다고 우리는 웃었다. 그러나 얼핏 그 아이 나름의 고민이 느껴져서 마음에 남았다. 아이들 나름대로 공부보다 더 중요한 고민이 있을 것이다.

아이는 나보다 더 좋은 환경에서 배우고 있다. 아이의 잠재력을 믿어야겠다. 아이가 스스로를 사랑하고, 자신에게 내재한 잠재력을 움트게 하려고 에너지를 축적하고 있다고 믿는다. 거실에 들어온 햇살은 내가 수고한 것이 아닌 나에게 베풀어진 은혜다. 아이들이 자라는 것도 내 노력이 아니라 보잘 것 없는 우리의 안달복달을 넘어선 은혜이지 싶다.

거실의 벽시계는 열한 시를 지나고 있다. 등에 업은 햇살이 창가로 물러나 있다. 나는 한 바구니 더해진 빨래를 갠다. 무릎에 구멍이 난 바지, 작아진 바지들이 눈에 띈다. 엊그제 보니 아이의 바짓단이 복숭아뼈 위로 한참 올라가 있었다. 작아진 바지를 추려서 한쪽으로 쌓아 놓는다. 뒤꿈치에 구멍난 양말도 있다. 속옷도 몇 개 더 사야 할 것 같다. 오전 열한 시, 아침은 한참 지났고 점심을 먹기에는 이른 시간이다.

50마일 하이킹

아들이 속한 보이 스카우트에서는 이번 여름에 레이니어산의 원더랜드 트레일을 도는 6일간의 산행을 계획했다. 파라다이스(Pradise)에서 시계 방향으로 산을 돌아 선라이즈(Sunrise)에 도착하는 일정이었다. 뭐든 시큰둥하던 아이가 산행을 준비하기 위해 5월부터 주말마다 10마일 하이킹에 참여하는 등 뜻밖에 꽤 적극적이었다.

드디어 산행을 시작하는 날, 아이가 몇 번을 풀었다 쌌다 하며 무게를 줄였지만, 배낭은 여전히 묵직했다. 깡마른 아이가 저 등짐을 잘 견딜 수 있을지, 산길을 잘 걸을 수 있을는지, 모든 걱정을 몽땅 나에게 안긴 것을 아는지 모르는지 아이는 무척 들뜬 표정이었다.

7월 초, 레이니어산의 등산철이 좀 일러서인지 야영장이 문을 열지 않는 곳이 있어 일정이 5일로 축소되었다. 또한 〈50마일 하이킹〉이라더니, 실제로는 60마일 정도였다. 첫날은 도착 후, 오후에 산행을 시작한 관계로 5마일만 걷고, 그다음 나흘 동안 55마일을 걸어야 하는 상황이었다. 큰 문제는 날씨였다. 대원들이 출발한 날부터 비가 오거나 흐린 날이 계속되었다.

출발 전, 아이들과 동반하는 일행 한 명이 인공위성에 의한 위치 추적 링크를 알려 주었다. 산에 간 사람들과 연락할 수는 없었지만, 이 첨단기술 덕분에 아이들이 산을 오르고 있는지 계곡을 건너고 있는지 시시각각 알 수 있었다. 하지만 이것이 자식에 대한 석성을 사서 하는 부모에게는 꼭 좋지만은 않았다.

셋째 날이었다. 16마일, 25km를 걸어야 했는데, 어쩐 일인지 아이들이 아침 10시쯤 좀 늦게 출발하더니, 밤 9시가 다 되어 가는데도 예정된 야영장에 도착하지 못하고 있었다. 밖에는 빗소리가 제법 컸다.

'비는 오고, 날은 어두워지고 등산화에도 물이 고여 질척거린다. 이마에도 빗물이 흘러 잘 보이지도 않고, 등에 짊어진 배낭은 비에 젖어 어깻죽지를 찍어 누르는 듯 괴롭다. 주저앉고만 싶다.'

내 걱정에 탑을 쌓아 올리듯 밖은 점점 어두워져 갔다. 위치 점은 아직도 산길에서 깜박이고 있었다. 올림픽 경기에 출전한 선수의 부모 마음이 이럴까? 자식을 군대에 보낸 마음이 이럴까? 입안이 바짝바짝 말랐다. 아들이 커갈수록 더 기도할 일이 많을 거라고 어느 분이 그랬다. 저절로 눈을 감고 손을 모았다. 9시 20분. 드디어 위치 점이 야영장에서 멈추었다. 무사히 도착했구나!

다음 날은 더 일손이 잡히지 않았다. 상념을 떨치려고 배추를 한 박스 사서 김치를 담고, 아이의 이불을 빨고, 또 마당의 잡초를 뽑았다.

드디어 일행이 산에서 내려오는 날! 개선장군을 환영하듯 부모들이 기다리고, 아이들을 태운 차가 도착하였다. 팡파르가 울리기도 전에 차 문이 양쪽으로 열리더니 건장한 청년(?)들이 나타났다. 지친 기색도 없이 너무나 멀쩡하고 밝은 표정의 청년 하나가 나에게 다가왔다.

"엄마!"

청년은 엉거주춤 나를 안아주었다. 해내었구나! 그사이 청년이 되어 돌아온 아들은 배낭에서 젖은 옷, 침낭, 텐트 등을 꺼냈다. 퀴퀴한 냄새가 집안에 퍼졌다. 산에서 있었던 이야기를 삼계탕 국물에 풀어냈다. 그런데 아무리 살펴도 아들은 고생한 흔적이 없었다.

다음날, 보이스카우트 공유 사이트에 산에서 찍은 영상과 사진들이 속속 올라왔다. 텐트에 쏟아지는 빗소리를 녹화한 것, 계곡을 따라 시원하게 흐르는 물줄기, 수줍게 피어난 야생화 군락, 침엽수 너머로 보이는 만년설, 운무가 지나가는 산등성이에서 한가하게 풀을 뜯고 있는 산염소 떼. 나의 근심이 헛되었다는 것을 증명하려는 듯이 모든 사진 속의 풍경들은 너무나 아름다웠다. 며칠 어미의 애간장을 다 녹인 아이에게 갑자기 약간의 질투심마저 느꼈다.

아이는 이런 풍경들을 보며 무슨 생각을 했을까? 한 걸음 한 걸음이 천근만근 무거웠을 순간들이기도 하다. 나보다 훌쩍 키가 커버린 아이. 어쩌면 산행에서 아이가 어깨에 짊어진 것은 무거운 짐이 아니라 미래를 향한 꿈이었는지도 모르겠다.

나는 한 장의 사진을 오래도록 바라본다. 청년은 커다란 배낭을 메고 구름이 살짝 내려앉은 만년설 봉우리를 향해 서 있다.

* 레이니어산(Mt. Rainier): 워싱턴주에 위치한 해발 4,392m 높이의 산. 만년설로 덮여 있어 한인들은 눈산이라 부름.

피팅룸에서

어머니께서는 생일마다 블라우스를 하나씩 사 주셨다. 하나, 이제 연로해서 올해는 직접 사 주지 못하고 백화점 상품권을 주셨다. 바쁘다 보니 생일이 한참 지난 뒤에도 블라우스 사는 것을 잊고 있었다. 그런데 뭘 샀는지 물어 오셨다. 게다가 서랍에는 한국학교 학부모회에서 성탄절마다 받은 사은권이 몇 장 모여 있었다. 할 일의 일순위가 블라우스를 사는 날이었다.

이십 대부터 꾸준히 유지한 몸무게가 지난해부터 부쩍부쩍 늘었다. 단추를 바투어 잠그게 되더니 급기야 못 입게 된 옷들이 생겨나기 시작했다. 예전보다 한 치수를 올려 블라우스를 찾았다. 십 미터는 더 될 것 같은 재고정리 코너까지 꼼꼼하게 헤집어 돌아나오자

마침내 열 개쯤의 블라우스가 카트에 담겼다.

미국의 표준 치수나 스타일은 우리 기준이 아니다. 앞여밈이 너무 많이 파여 가슴골이 훤히 드러나거나, 소매가 지나치게 길기도 해 몸에 꼭 맞는 옷을 찾기가 쉽지 않다. 그런데 다행히 옷가게마다 피팅룸이 있어 좋다. 눈치 안 보고 편하게 입어보고 옷을 고를 수 있는 곳이 피팅룸이다. 조명도 좋고 날씬하게 보이는 거울이 있다. 혼자서 패션쇼를 해 봐도 좋을 것 같다.

옆칸에서 엄마와 서너 살 사내아이의 말소리가 들렸다. "엄마, 나 화장실에 가야 돼." "응? 조금만 참을 수 있어?" "아니, 급해. 급해." 아이가 다리를 꼬고 엄마를 채근하는 모양이었다. "예에-. 정말 기막힌 타임이야!" 아이 엄마가 직원에게 그 칸을 잠깐 잠가 달라고 하는 소리가 들리더니, 아이를 데리고 나갔다. 블라우스를 두어 개 더 입어 보았을 때 아이와 엄마가 돌아왔다.

옆칸에선 엄마가 옷을 입어보는 중인지 잠깐 조용하더니, 갑자기 갓난쟁이 아기 울음소리가 자지러졌다. 아마 카시트에서 자고 있던 아기가 있었나 보다. 엄마는 아기를 얼러 보지만, 울음소리가 내 귀청을 찢을 듯했다. 아직 입어볼 블라우스가 몇 개 남았다. 난감했다. 아기 울음소리가 모처럼 쇼핑 온 기분을 주저앉혔다. 몇 분의 시간이 아주 길었다. 저쯤 되면 모든 것을 중단하고 젖을 물리든지, 가게를 나가든지 해야 하는 것 아냐?

하지만 곧 저 엄마도 어린 두 아이와 복닥복닥하다가 큰맘 먹고

왔는지도 모르잖아, 하는 생각이 들었다. 성탄절 파티를 위해 겨우 고른 옷을 입어보려던 아이 엄마의 난감한 모습이 그려졌다. 잠시 아이들을 어디에 맡기고 편안히 쇼핑하고 싶은 마음이 얼마나 굴뚝 같을까. 불과 몇 해 전만 해도 날씬한 몸매에 하이힐 롱부츠를 신고, 사고 싶은 옷이 너무 많아 어느 것을 살까, 즐거운 고민을 하며 피팅룸에서 패션쇼를 즐겼을지도 모른다.

좁은 피팅룸에서 목청껏 울어대는 갓난아이와 쩔쩔 매는 엄마가 안쓰러웠다. 그 엄마의 처지가 나를 되돌아보게 한다. 큰아이가 유치원에 다니고, 둘째를 데리고 다닐 때였다. 도서관에서 파트타임으로 일하는 한편, 직원 장학금으로 교사 자격증 과정도 공부하고 있었다. 시간이 무척 귀했지만, 아이를 종일반에 맡길 수 없었다. 종일반은 내가 당시 풀타임 직장에 다녀야 받을 수 있는 월급의 반 정도로 많은 비용이 들었다. 하는 수 없이 아이를 하루에 두 시간 반 정도 돌봐주는 유아원에 보내며 잠깐잠깐 시간을 쪼개 과제를 하곤 했다.

당시, 탑 푸드라는 식료품점에는 쇼핑하는 동안 두 시간까지 아이들을 돌봐주는 놀이방이 있었다. 과제를 해야 하고 아이와도 놀아줘야 할 때, 그곳에 갔다. 아이를 식료품점의 놀이방에 맡겨 놓고, 식당가에서 커피 한 잔을 시켜놓고 과제를 했다. 시간이 되면 필요한 야채나 우유를 사고 아이를 데리고 나왔다. 또 아이를 데리고 교회에서 일주일에 한 번 하는 영어 공부에 참여하기도 했다. 그곳에선 엄마들이 성경을 읽으며 영어공부를 하는 동안 아이들을 잘 돌봐 주었다.

생각해보니 지금 풀타임 직장을 갖고 사회생활을 할 수 있게 된 것은 사회의 이런 도움이 있었기에 가능한 것이다. 지금은 없어진 탑 푸드가 항상 고맙고, 커피와 과자까지 준비해 놓고 엄마들을 맞이하던 그 교회의 자원봉사자들이 더없이 고맙다.

엄마라는 말은 내가 들은 가장 귀한 타이틀이다. 그러나 엄마라는 말은 거저 얻는 것이 아니다. 그에 합당한 큰 사랑을 요구한다. 그 사랑은 희생이기도 하다. 아이가 어릴 때 나는 차분히 먹지도 못하고, 푹 잘 수도 없었다. 아이를 잠시도 혼자 두지 못하니까, 샤워할 때마저 문을 열어 놓아야 했다. 따지고 보면, 인간으로서 각종 기본권을 상실할 뿐만 아니라 교양, 품위와는 거리가 멀어진 때이다. 공공장소에선 옆칸의 엄마처럼 난감한 순간을 수없이 겪어야 했다. 인터넷에서 읽은 바로는 야만의 시간이다. 출산율이 저조한 한국의 젊은 엄마들의 하소연이다.

아이들이 십대에 접어들었다. 학교에 가고 나면 집안이 조용하다. 아이가 든 무거운 카시트를 싣고 쇼핑을 해야 하는 번거로움이나, 공공장소에서 떼를 쓰는 단계를 한참 지났다. 어린아이들을 데리고 쩔쩔매는 엄마들을 보면, 나는 그 단계를 벗어났다는 안도감이 든다. 아이를 키우는 기쁨에 행복하기도 했지만, 그 꼼짝없는 시간으로 다시 돌아가고 싶은 엄마들이 얼마나 있을까? 물론 아이를 키우면서 그때가 제일 행복하다는 말에 동의하지만 말이다.

그 사이, 옆칸이 조용하다. 아이 엄마가 나갔나 보다. 인생의 사건들을 피팅룸에서 옷을 입어보는 것처럼 미리 체험해 보고 고를 수 있다면 어떨까? 사람들의 선택은 달라질까? 그래도 같은 선택이 되풀이될 것 같다. 왜냐하면 자식은 그런 거니까. 아이들이 커 가면 또 맞닥뜨려야 하는 현실이 줄줄이 차고 넘친다. 아마도 우리가 사는 날까지 자식은 그런 존재일 것이다. 우리 부모님들에게 우리가 그런 존재였듯 말이다. 그러니 매년, 지금이 나에게 주어진 가장 좋은 때라는 생각으로 아이들의 성장을 보려 한다. 내가 아이들을 키우는 것이 아니라 아이들이 나를 키운다.

인내심을 발휘한 끝에 두어 시간 만에 블라우스 석 장, 운동하는 큰아이에게 줄 얇은 바람막이 자켓도 찾았다. 계산대로 갔더니, 소소하게 다섯 장의 상품권에 들어 있던 금액과 거의 맞았다. 그중에 어머니께 보여드릴 블라우스 하나를 정했다. 마침내 홀가분하게 가게를 나왔다.

때죽나무 아래에서

"따라라 라라라 띠라~라라."

아이가 피아노 리사이틀을 앞두고 〈오페라의 유령〉 서곡을 연습하고 있다. 예전에 이 뮤지컬을 직접 관람할 기회가 있었기에 멜로디를 흥얼거리며 피아노 선생님 댁 정원을 둘러본다. 잘 가꾼 정원은 갖가지 꽃과 나무들로 볼거리가 가득하다.

그런데 나무 한 그루가 유난히 시선을 끈다. 조그만 꽃들이 하얗게 핀 나무다. 날듯 말듯 은은한 향기는 주변의 벌들을 불러 모으고 있다. 꽃을 더 잘 보려고 나무 밑으로 들어가 본다. 나뭇가지 하나를 붙잡고 꽃을 살펴본다. 초록색 잎사귀 아래로 오밀조밀 핀 꽃송이들이 마치 피아노곡의 음표들처럼 매달려 있다. 하얗게 돌려난 꽃잎이

다섯 장, 노란 암술 열 개가 키가 큰 수술을 감싸고 있다. 아직 피지 않은 봉오리는 대롱거리는 뽀얀 진주 귀걸이 같다. 세상의 많은 꽃들이 태양을 향해 피어나지만, 이 나무의 꽃들은 어쩐 일인지 모두 고개를 숙이고 땅을 내려다보고 있다. 고양이 한 마리가 발밑으로 지나간다.

갑자기 떠오르는 기억과 함께 이 나무의 이름이 생각난다. 누가 이 어여쁜 나무에 그런 이름을 붙여 주었던 것일까? 착하고 순결한 하얀 꽃송이들 아래에서 떠오르는 음울한 기억이 아이가 치는 피아노 곡의 애달픈 선율과 앙상블을 이룬다. 누구에게도 말도 못 하고 오래 오래 마음이 아팠던 일이다.

어렸을 때, 우리 집에서는 고양이를 키웠다. 농가에서 고양이는 특별한 귀여움을 받는다. 곡식 자루에 구멍을 뚫는 쥐를 막는 막중한 임무를 하기 때문이다. 강아지를 키우는 것은 한사코 싫다 하신 아버지도 고양이는 너그럽게 대하셨다.

어느 해 봄, 노란 줄이 있던 어미 고양이가 새끼를 일곱 마리나 낳았다. 아기 고양이들은 엄마를 닮은 것들도 있었지만, 우리가 모르는 아빠를 닮았는지 재색 줄무늬가 있는 것도 있었다. 솜털이 얼마나 부드럽던지 자꾸만 손으로 쓸어 주었다. 아기 고양이의 털을 만지면 나도 털처럼 부드러운 세상의 일원이라도 된 것처럼 행복했다. 어른들은 눈도 안 뜨고 엄마 젖을 물고 있는 고물거리는 새끼들을 만지면 안 된다고 했다. 엄마 고양이가 화가 나면 집을 나가버리거나 새끼를 물어 죽인다고 했다. 얼마나 큰일 날 이야기인가!

그런데 엄마 고양이는 어느 날 집을 나가 진짜로 돌아오지 못했다. 나 때문인 것 같은 죄책감으로 아기 고양이들에게 조카가 먹던 분유도 몰래 타서 먹이곤 했다. 한 달쯤 지났을까? 아기 고양이들이 조금씩 자라 이제는 같이 놀 수 있게 되었다. 변변한 장난감이 없던 때에 아기 고양이들과 놀면 정말 재미있었다. 장난칠 땐 고양이들도 날카로운 발톱을 세우지 않았다.

그 무렵, 나는 무슨 멋이 들었는지 서늘한 마루에서 잠을 자곤 했다. 아득한 밤하늘에 무수히 빛나던 별들을 보면서 잠드는 것이 좋았다. 그날은 마루에서 나가 잠을 자기에는 밤기운이 찬 날이었다. 문득 고양이들도 밤에 무척 추울 거라는 생각이 들었다. 그래서 고양이 몇 마리를 이불 속으로 들어오게 했다.

아침에 이불 속에서 발견한 것은 빳빳해진 세 마리의 아기 고양이들이었다. 그때의 참담함이란! 너무 큰 죄를 지은 것 같아 아무에게도 말할 수 없었다. 울지도 못하고 더 이상 보드랍지 않은 아기 고양이들을 들고 야산으로 갔다. 하얀 꽃이 무수히 내려다보는 어느 나무 아래에 고양이들의 무덤을 만들었다. 그곳에 쪼그리고 앉아 울면서 고양이 무덤에 하얀 꽃들이 떨어지는 것을 보았다.

고양이 사건은 어린 시절 나에게 비밀스러운 고통이었다. 그 일로 인하여 죄를 지은 자의 고통에 대해 조금은 눈을 뜬 것 같다. 선의로 한 일이 남에게 해를 끼칠 수도 있다는 것을 안 것은 충격이었다. 그 사건은 첫 경험에 불과하였다. 살다 보니 일의 동기와 결과가 일치하지 않는 경우가 많았다. 친절에도 가끔 뒤끝이 있고, 악행에도 선한 반전이 있다고나 할까?

남편은 오랫동안 구직을 하는 친구를 위해 직장 상사에게 어렵게 추천을 했는데, 얼마 후 감원 바람이 불었을 때, 자신이 감원 대상이 되었다. 자네라도 자리를 보전하게 되었으니 얼마나 다행인가, 이렇게 친구의 손을 잡아 주기는 쉽지 않았다.

〈오페라의 유령〉도 그렇다. 뮤지컬에서 유령은 재능은 뛰어나지만, 한쪽 얼굴이 너무나 추해 가면을 쓴 남자다. 자신을 드러낼 수 없는 남자는 오페라 극장 지하세계에 숨어 살면서 공연에 영향을 끼치려 한다. 그가 극장에 영향력을 발휘할 목적으로 저지른 악행으로 인해 여주인공은 기회를 갖고 성공하게 된다. 남자는 여주인공을 사랑하게 되지만, 결국 여주인공의 연민을 얻게 되는 것으로 만족하고, 가면만 남기고 다시 유령처럼 사라진다.

고양이가 묻혔던 곳에 있던 나무의 이름을 알게 된 것은 책을 통해서였다. 예쁜 초록색 이파리 밑에 무수한 슬픔을 담고 있는 듯, 하얀 꽃을 가득 달고 있었던 그 나무의 이름은 때죽나무였다. 이렇게 청초하고 귀여운 꽃과 나뭇잎에 마취제의 성분이 듬뿍 들어 있다고 한다. 시골에서 물고기를 잡을 때, 꽃과 나뭇잎을 짓이겨 강물에 풀어놓으면 물고기가 떼로 죽는다고 해서 얻은 이름이다. 그 이름 때문일까? 때죽나무는 속죄라도 하는 듯 꽃들이 모두 땅을 향해 고개를 숙이고 있다. 이제 나도 어리석었던 어린 시절의 나를 용서해야겠다.

다시 피아노 소리가 귀에 들리기 시작한다. 아이가 치는 곡이 바뀌었다. 두 번째 연습하는 곡은 빠르고 유쾌하다. 〈록킹 로빈스〉라는 곡이다. 로빈이란 새가 나무에 앉아서 노래하는 듯 트윗트윗 경쾌하다. 잡았던 때죽나무 가지를 놓으니 하얀 꽃들도 음표를 두드리는 피아노 건반처럼 경쾌하게 흔들린다. 제법 큰 고양이 한 마리가 담장 위로 훌쩍 뛰어올라 햇빛이 환한 유월의 정원을 내려다보고 있다.

쫑이

주얼을 처음 보았을 때는 펄펄한 청춘이었다. 아침저녁으로 안주인과 바깥주인을 차례로 보채어 산책하러 가곤 하였다. 주얼이 내달리는 통에 옆집 아주머니는 개줄을 뒤로 버티며 잰걸음을 하곤 했다. 주얼은 호주 양치기 개의 후손이었다. 긴 털에 큰 덩치가 믿음직스러웠다. 주얼은 유머도 있는 듯했다. 우리가 이삿짐을 풀었던 다음 날, 우리 집 거실에 들어와 이것저것 살피는 것으로 나를 엄청 놀라게 하며 자신을 소개하였다.

이웃은 자녀들이 장성해서 분가한 자기 집을 빈 둥지라고 불렀다. 그 빈 둥지 가정에 주얼은 그 이름처럼 보석이었다. 주얼을 보며 우리 아이들은 무척 개를 기르고 싶어 했다. 나는 아이들에게 개를 기를 수 없는 갖가지 이유를 대며 사 주지 않았다. 옆집 주월은 아이들의 마음에 다소나마 위로가 되었다. 울타리 너머로 "주얼!" 하고 부르면, 우리 쪽으로 다가와 털북숭이 꼬리를 흔들어 주었다.

주얼은 어느 때부터인가 더 이상 산책을 거부했다. 주객이 바뀌어 아주머니가 주얼을 달래어 산책하러 가곤 했다. 새벽에 손전등을 들고 산책하러 나갔던 아주머니가 5분도 안 되어 다시 돌아왔다. 주얼이 거부한 것은 관절을 앓은 무릎으로 걷기가 아니라 자신의 몸이 보내는 신호를 몰라주는 야속한 마음이었는지도 모른다. 어느 날부터 주얼이 보이지 않아 안부를 물으니, 옆집 아저씨는 며칠 전에 주얼이 죽었다고 한다. 울타리 철망 저쪽에서 우리를 내려다보며 꼬리를 흔들던 모습이 아직도 눈에 선하다.

쫑이는 어머니가 기르던 개다. 어머니는 자식들이 모두 집을 떠난 후, 동무 삼아 개를 기르기 시작했다. 밭이나 들에 갈 때, 마실 갈 때마다 강아지를 데리고 다니셨다. 키우던 개가 죽으면 어머니는 그 서운함을 이기지 못하고 다시 강아지를 들였다. 어머니가 데리고 있던 강아지들의 이름은 언제나 쫑이였다. 우리는 어머니의 강아지들을 쫑이 2세, 쫑이 3세로 구분하여 부르곤 했다.

시골집의 앞마당에는 단감이 주렁주렁 달린 나뭇가지가 아래로 휘어져 있다. 마당에서 마루로 오르기 전의 완충지대인 뜰방에는 두어 개 마른 참깨 단이 세워져 있다. 쫑이는 뜰방의 한쪽에 있는 자기 집 앞에 앉아 있다. 사진을 찍는 낯선 사람을 경계하는 듯 귀를 쫑긋 세우고 정면을 응시하고 있다. 사진에 있는 쫑이의 별명은 삼식이다. 셋째 조카가 취직한 기념으로 할머니께 강아지를 사 드리면서 취직한 회사의 이름을 조합하여 지어준 이름이다.

갑자기 어머니가 편찮으셨다. 자식들이 있는 부산에서 투병 생활을 하시던 어머니는 오랫동안 시골집을 떠나 있게 되자, 쫑이 걱정을 많이 하셨다. 결국, 쫑이도 어머니를 따라 큰오빠 집으로 왔다. 매일 오후, 큰오빠는 어머니와 온천천으로 산책하러 가셨다. 오빠는 어머니의 건강에 도움이 된다고 믿으며 걸음걸이가 무척 느려진 어머니를 재촉하며 산책을 권유하였다. 어머니는 산책길에 꼭 쫑이를 데리고 가셨다. 주인을 따라 온천천에 산책 나온 다른 강아지들은 털 손질이 잘 되어 있고 발걸음도 경쾌하였다. 모두 귀한 대접을 받고 있는 듯 목줄도 예쁘기만 했다. 쫑이는 빛바랜 초록색 노끈에 의지하여 얌전히 주인을 따라 다녔다. 촌에서 막 올라온 티가 줄줄 묻어나고 있었다. 어머니의 병세가 깊어갈수록 어머니 곁을 지키던 쫑이의 눈도 늘 슬퍼 보였다.

쫑이의 부고를 들은 건 어머니가 돌아가시고 한 달이 채 못 되어서였다. 어머니가 돌아가시고 난 뒤, 쫑이는 제 집에 틀어 박혀 밖에도 잘 나오지 않았다고 한다. 그런데 어느 날 아침, 쫑이가 이유 없이 피를 토하고 죽었다는 것이다. 어머니를 잃은 슬픔과 주인을 잃은 슬픔이 겹쳐졌다. 어머니를 잃은 슬픔보다 주인을 잃은 쫑이의 슬픔이 더 컸나 보다. 쫑이의 죽음 앞에 나는 부끄러워졌다.

채식주의자인 어떤 사람은 자기는 눈이 달린 생물은 먹지 못하겠다고 한다. 아마도 그 사람은 눈빛으로 동물의 마음을 읽는 법을 알고 있는 것 같다. 그는 몇 마리의 개를 기른다. 식물을 가꾸는 내가 애완동물을 기르지 못하는 것은 아마도 그 눈빛을 읽는데 미숙해서일 것이다. 아니, 언젠가는 마주하게 될 그들의 죽음이 두려워서인지도 모르겠다.

한국에 갔을 때, 고향 집에 들렀다. 어머니가 안 계셔 폐허가 된 뒤란의 장독대며, 잡풀로 무성해진 텃밭을 보았다. 예전에는 고향집에 와 옛일을 생각하면 모든 것이 즐거웠는데, 어머니가 돌아가신 후로는 모든 기억이 다 쓸쓸했다. 뜰방에 있는 쫑이의 빈집 앞에 섰을 때, 나는 참았던 눈물을 쏟고 말았다.

사람은 사랑을 못 받아서가 아니라 마음 놓고 사랑을 줄 대상이 없을 때 더 외로움을 느낀다고 한다. 옆집 주얼의 죽음 앞에 어머니의 쫑이를 다시 생각한다. 쫑이는 어머니가 옆에 두고 마음껏 정을 줄 수 있는 대상이었다. 멀리 사는 자식이 못해 드린 것을 쫑이가 했다. 나는 쫑이에게 예쁜 목줄을 사 주지 못한 것이 늘 마음에 걸린다.

혼자서 시간을 되돌려 본다. 시골풍의 파마머리지만 산뜻하게 옷을 입은 어머니가 예쁜 목줄을 한 쫑이를 앞세우고 온천천을 산책한다. 어머니의 뒤를 따라가며, '엄마, 천천히 가세요', 하는 목소리를 듣는다.

4부

포세이돈과 벌새

강박증 탈출기

크리스마스를 며칠 앞둔 어느 날이었다. 오후에 많은 눈이 올 거라는 일기예보만으로 모든 공립학교가 휴교를 하였다. 갑작스런 휴교는 직장을 가진 학부모들에겐 비상이다. 나도 그랬다. 일정을 바꾸어 오전에 큰아이의 피아노 교습을 받기로 했다. 그리고 집을 나선 시각은 열한 시가 조금 안 되었을 때다.

아이의 피아노 교습이 끝나고 집으로 오는 길에 잠깐 서점에 들렀다. 짙은 회색빛 하늘은 곧 눈이 내릴 것처럼 무거워 보였다. 기다리던 신간을 읽는 아이를 재촉하여 점심을 먹기 위해 집에 도착했다. 한 시가 막 지나고 있었다.

차에서 내려 현관문을 열려고 하는데 나무로 된 현관문이 부서져 있었다. 가슴이 쿵 내려앉았다. 열쇠를 들었던 손끝이 덜덜 떨리고 머리카락이 곧게 섰다. 아이들에게 차에서 내리지 말라고 다급하게 소리를 질렀다. 빼꼼히 열린 문틈으로 집안을 살폈다. 아무 소리도 나지 않았고, 찬기운만 느껴졌다. 집안을 향해 큰소리로 '차안에 가만히 있어!' 하고 일부러 소리쳐 보았다. 집안에는 아무도 없는 것 같았다.

집안으로 들어가서 보니, 짐작대로 도둑이 들었다. 현관문에는 두 개의 잠금장치가 있었는데 잠금장치 부분을 무언가로 집중적으로 가격하여, 잠긴 부분이 나무 문틀을 쪼개지게 하여 문이 열린 것이다. 심장박동 소리를 들으며 부들부들 떨리는 손으로 경찰서에 전화를 걸었다. 얼마 후, 경찰이 와서 도난당한 물품 목록을 확인했다.

다시 시작한 학교공부를 위해 샀던 내 노트북 컴퓨터, 아이들 사진이 담긴 디지털 카메라, 그리고 남편이 십 년 넘게 세계 각국에서 수집했던 250개쯤 되었던 미니어처 술병들이 사라졌다. 부자 동네도 많은데, 변변히 훔쳐갈 물건도 별로 없는 가난한 우리 집에 도둑이 들다니! 믿기 힘들었다. 잃어버린 물건들 때문에 속상하고, 대낮 그 짧은 시간에 도둑이 들었다는 것에 충격이 컸다.

그 후, 주택보험에서 잃어버린 물건에 대한 약간의 보상을 해 주어, 컴퓨터와 카메라도 다시 장만하였다.

"도둑 덕에 더 예쁘고 단단한 현관문을 달게 되었네!"

애써 마음을 달래려고 노력했다. 그런데 시간이 지날수록 도둑이 훔쳐간 것이 물건만이 아니라는 것을 확인해야 했다. 그 짧은 낮시간에 물건을 훔쳐간 것을 보면, 누군가 우리를 감시하고 있다가 일을 저질렀음에 틀림없다고 생각되었다. 이웃들도 잠시나마 의심스러웠다. 현관문을 마주한 이웃집 개는 왜 짖지 않았으며, 하필이면 우리 집이란 말인가!

외출할 때마다 불안함이 엄습해 왔다. 차를 돌려 집으로 되돌아와 현관문이 잠겼나 확인하는 일이 몇 번이나 계속되었다. 보다못한 남편은 문을 잠글 때마다 큰 소리로 '나는 문을 잠갔다.' 이렇게 말하라고 했다. 그러면 다른 가족들이 듣고 확인해 주겠다는 것이다. 가족들의 도움으로 그 불안감은 약간 누그러졌다.

그런데 어느 날부터인가 집안에서 창밖을 보고 있으면, 낯선 차들이 우리집 앞에 멈춰 서 있곤 했다. 이상해서 나가 보면, 차들은 내가 나오는 것을 봐서인지 곧 사라졌다. 그러던 날이 계속되자 나는 신경이 무척 날카로워져 갔다. 한 번은 화단에서 잡초를 뽑고 있는데, 남녀 둘이 탄 차가 또 집앞에 멈춰 섰다. 나는 얼른 달려가 보았다. 그 차는 도망치듯 달아났다.

틀림없이 뭔가 일어나고 있었다. 차가 집 앞에 설 때, 사진이라도 찍어 두었다가 경찰에 신고라도 해야겠다고 생각했다. 벼르고 있었는데, 드디어 낯선 차가 또 집앞에 멈춰섰다. 또 두 사람이 타고 있었다. 내가 노려보니, 그중 한 사람이 웃으면서 손을 흔들었다. 그 사람과 마주친 순간, 뒤통수를 맞은 것처럼 깨달아지는 것이 있었다.

집에서 그다지 멀지 않은 곳에 자동차 운전면허 시험장이 있었다. 우리 집앞은 약간 경사가 지는 내리막길이었는데, 이곳이 내리막길 주차 실기 장소로 아주 적격이었던 것이다. 이 집에 이사오기 수년 전, 나도 이곳을 거쳐 운전면허를 땄던 기억이 그제서야 튀어 나왔다. 나는 아둔한 머리를 쥐어박으면서도 그제서야 안도의 한숨을 쉬었다.

나는 이 일을 겪고 나서 이성적인 판단을 흐리게 하는 것들에 대해 생각하게 되었다. 내가 굳게 믿고 있는 것들이 과연 얼마만한 진실에 기대고 있을까?

인간관계에서는 이처럼 한 번 어떤 생각에 집착하기 시작하면 멈추기가 어렵다. 이런 불안증은 쉽게 사라지지 않고, 정확한 근거도 없이 주변의 상황까지 끌여다 붙여 눈덩이처럼 의혹을 키워 간다. 그리고 떠오르는 생각을 비합리적으로 해석하기 시작한다. 마침내 어느 시점에선 그것을 굳게 믿는 상황까지 치닫고 만다. 이런 생각들이 쌓이면 마음에 담을 쌓거나, 한순간에 폭발하여 아무것도 모르는 상대방을 처참하게 공격하기도 한다. 결국 좋은 관계를 파국으로 몰아가고 만다.

이를 예방하기 위해서는 작은 것이라도 상대방의 신의에 의심이 가는 것이면 마음에 쌓아두지 말고, 그때그때 대화를 해서 오해를 푸는 게 최선의 방법이다.

안개 속에서

오늘도 안개가 짙다. 좀 더 일찍 출근길을 나선다. 앞차와의 거리를 많이 두려고 하고, 바짝 따라오는 차가 있으면 옆 차선으로 비켜준다. 출퇴근 길이 80마일이니 하루에 130킬로미터씩 운전하는 셈이다. 가시거리가 짧을수록 주변의 사물을 잘 볼 수 없기에 불안하다. 장거리 운전을 하는 사람들에게 안개는 시야를 가리는 지극히 위험한 장애물이다. 오로지 조심하고 또 조심하는 수밖에 없다.

지난겨울은 유난히 짙은 안개가 낀 날이 많았다. 많은 기대 속에 출발한 새 직장 생활은 순조롭지 못했다. 이것에 박차를 가하듯 출근길마다 가득 낀 안개는 나를 더욱 절망하게 하였다. 고속도로에서 몇 중 추돌사고가 났다는 뉴스는 불안함을 더욱 부추겼다. 안개는 불을 지피기 위해 쑤셔 넣은 불쏘시개가 내 가슴속에서 열정의 불은 지피지도 못하고 요란하게 피워내는 연기 같은 것이 아닐까 싶었다.

첫 직장이 있었던 모현慕賢으로 가는 길도 늘 안개가 짙었다. 경안천을 따라 피어난 안개는 몇 미터 앞도 잘 보이지 않을 정도로 짙었다. 출근하기 위해 시골 버스를 기다리며 서 있는 몇 분 동안 숨을 쉬기도 힘들었다. 버스를 기다리던 그 짧은 시간에도 머리카락에 금세 물방울이 맺히곤 했다. 버스를 기다리는 동안, 그 안개 속에 나의 미래까지 갇힌 것은 아닐까 하는 생각에 갑갑해지곤 했다. 그래도 기다리던 버스는 꼬박꼬박 왔다. 그리고 나는 첫 직장을 미련 없이 떠나 더 큰 도시로 갔다.

장거리 출퇴근을 하기 전까지는 안개 낀 아침을 늘 불안해 하거나 싫어하지만은 않았다. 오히려 안개에 대한 아름다운 기억도 많다. 안개 속에 서 있는 나무들은 아름답다. 특히 산허리를 감은 안개 속에 선 나무들이 만들어내는 풍경을 사랑한다. 서로가 서로를 보듬듯 아름다운 하모니를 이룬다. 아침 안개가 남기고 간 이슬방울이 나뭇잎이나 꽃잎에 맺혀 있는 것을 보는 것도 즐겁다. 아침 호수를 품은 안개는 또 어떤가? 호수의 아침 안개는 피어나는 모양이 새색시의 수줍음을 닮았다. 아침에 마시는 한 잔의 순백색 우유처럼 부드럽다. 부드러운 솜사탕인 양 손가락으로 집어 내어 입안에 넣어 보고 싶어진다. 시간의 여유가 있는 날의 안개는 아름답고 평화롭다.

속리산으로 중학교 수학여행을 갔다. 산 너머 산이라고 했지만, 산이 겹겹이 펼쳐진 그날 아침 풍경은 무채색으로 너무나 고요하고 평화로웠다. 무채색으로 그려낼 수 있는 아름다움의 극치. 생각해 보니 그것은 높은 산 때문이 아니라 골짜기가 품은 안개 때문이었다. 굽이굽이 돌아 산을 내려오면서 만났던 풍경이 어린 눈에도 무척 아름다웠다. 그 수학여행에서 다른 기억은 가물가물해도 골짜기의 안개는 사진보다 더 선명하게 남아있다.

안개는 왜 우리의 주변을 덮는가? 과학적으로 따지자면 안개는 지표면과 대기의 온도차에 의해서 생긴다. 따뜻한 대기와 차가운 지표면의 갈등의 상황이 안개를 만든다. 마음에 피는 안개도 그럴 것이다. 현재 처한 상황은 일이 잘 안 풀리고 갑갑하다. 몇 년 후, 아니 몇 달 후의 미래도 확신할 수 없다. 그러니 불안하고 스트레스를 받기 마련이다.

그러나 아침에 안개가 끼면 맑은 날이 된다는 건 무엇을 의미하는가? 일시적으로 우리의 시야가 흐려지더라도 그것이 전부가 아니라는 것이다. 사실 모든 건 안개 속에서도 제자리를 지키고 있지 않은가. 모현으로 가는 버스를 기다리며 갑갑해 하던 안개 낀 시간도, 생각해 보면 가을 벼가 익어가고 강에는 물고기 떼가 살찌는 계절이었다.

직장에서 내 자리에 앉으면 아주 멋진 레이니어산의 풍경을 볼 수 있다. 그런데 근무를 시작한 지 반 년이 지나도록 그 사실을 알지 못했다. 어느 날 블라인드를 걷고 밖을 내다보는 순간, 뜻하지 않게 레이니어산을 발견하고 즐거운 비명을 질렀다. 안개 속을 달리는 차에서 마냥 불안해하며 창밖의 풍경을 생각하지 못한 날들처럼 레이니어산을 보지 못했다. 그날 이후로 매일 창밖을 내다보는 습관이 생겼다. 그런데 산이 잘 보이는 날보다 보이지 않는 날이 더 많았다. 그러나 이제는 레이니어산이 거기에 있다는 것을 안다.

안개는 징조다. 그 너머에 밝은 태양이 빛나고 있고, 맑은 날이 온다는 신호이다. 안개의 시간은 우리로 하여금 조심조심 사리분별을 하도록 벼리는 시간이다. 이제 안개가 낀 아침에도 조급해하거나 두려워하지 말아야겠다. 다만 조심조심 최선을 다해 길을 가야겠다. 안개 저 너머에 태양이 있다.

포세이돈과 벌새

오월이 왔네요. 정원에 내린 햇살이 정말 눈이 부셔요. 살랑살랑 부는 바람은 부드럽게 새잎들을 간지럼 태우고요. 바람이 얼러준 나무는 부쩍부쩍 키를 키워 새들을 불러요. 제 마음도 한 점 바람이 되어 새를 따라 높은 전나무 위에 올라가 봅니다. 높은 나무에 흐르는 바람이 나뭇가지와 어울려 노래를 해요. 나뭇가지를 비벼서 쏴아 쏴아 파도소리를 내요.

찌이르찌이르, 치카디디디, 칩 칩, 쓰르 쓰르 쓰르르르륵. 나뭇가지마다 갖가지 새들이 봄에 겨워 노래를 해요. 새소리에 귀를 열어두고 뒷마당을 거닐어요. 윗집 담장을 따라 무성하게 핀 라일락은 보랏빛 향기로 벌써 동네잔치를 벌였답니다. 호기심을 감추지 못하는 여학생 같은 아랫집 분홍색 로드댄드론은 발돋움을 하고 담장을 넘겨다보다 나에게 들키고 말았어요. 물오른 모란꽃 봉오리도 선볼 날을 잡아둔 처녀 같은 눈부신 자태를 하고 있네요. 텃밭에는 어린 채소들이 올망졸망 자라고 있어요.

저는 오월이 베푼 잔치에 무엇을 할까 하다가 물을 주러 가기로 해요. 마음먹고 새로 장만한 분사기는 새싹들을 위한 이슬비, 좀 더 자란 토마토를 위한 샤워비, 또 먼 곳의 나무를 위한 폭포비를 뿌리는 다양한 기능이 있지요. 이런 호사스런 분사기의 기능들을 시연해 보며, 뒷마당에 있는 텃밭에 물을 주고 있었어요.

분사기에서 물방울들이 떨어질 때, 문득 그 분사기가 다이아몬드를 만드는 기계가 아닐까 착각이 들더군요. 햇빛을 받은 물방울이 정말 다이아몬드처럼 반짝반짝 떨어지더라고요. 물방울의 춤사위가 무르익을 때, 라일락 향기도 물을 먹으러 오나 봐요. 물을 주고 있으면 라일락 향기가 더 진해지는 것 같아요. 여기에 오래 서 있으면 내 몸에서도 라일락 향기가 날까요? 참, 라일락은 우리말로 수수꽃다리래요. 이름이 정말 예쁘죠?

분사기에서 뿜어 나오는 물을 보고 있으니까 문득 바다의 신 포세이돈이 생각났어요. 유럽에 가면 멋진 분수마다 서 있는 포세이돈의 조각상이 있잖아요. 포세이돈은 지진을 일으키고 무시무시한 해일을 불러오기도 하지요. 현대인들은 어쩌면 매일매일 성난 포세이돈처럼 사는 것 같아요. 말을 타고 바다를 휘달리는 포세이돈처럼,

자동차를 타고 오늘도 거친 운전자들 사이에서 돌아다니셨죠? 성난 포세이돈처럼 지내신 분은 제 말을 들어 보세요. 아무리 무서운 포세이돈이라 할지라도 꼼짝 못할 일이 있어요.

뒷집에는 새잎이 무성한 버드나무가 있어요. 그 눈록색 가지가 실바람에 잠시 흔들리는가 싶은 순간이었어요. 마치 동화 속에서처럼 그 가지들 사이에서 엄지손가락만 한 새 한 마리가 포르르 날아왔어요. 순간 저는 꼼짝할 수가 없었어요. 제가 움직이면 그 새가 놀라서 날아가 버릴까 봐서요. 제 눈은 새를 따라다니며 부동자세로 호스를 들고 있는데, 글쎄, 그 조그만 새가 물줄기 사이로 날아드는 거예요. 마치 샤워하며 물장난치는 아이처럼요. 날개는 보이지 않고 길쭉한 부리와 등만 보였어요. 한 마리 벌새였어요. 몸의 빛깔이 초록과 파랑이 반짝반짝 어우러진 무지개 색이었어요.

벌새는 1초에 날갯짓을 20-90번도 한다지요. 후진비행도 할 수 있대요. 꽃들을 찾아다니며 꿀을 먹을 땐 부동자세로 비행을 하고요. 벌처럼 꿀을 먹기 때문에 벌새라고 한다죠? 그런데 그 작은 몸으로 어떻게 1초에 90번의 날갯짓을 할까요?

땅에 약간씩 물이 고이기 시작했어요. 포르르르 날아다니던 벌새가 갑자기 물방울이 떨어지는 곳에 가만히 내려앉았어요. 날개를 살포시 접고 앉으니, 등의 깃털이 무지갯빛으로 더욱 반짝였어요. 작은 대롱 같은 긴 부리로 가만히 물을 몇 번 찍어 마시더군요.

저는 이 신기한 광경을 놓칠까봐 숨도 쉴 수가 없었지요. 이 작은 새 앞에서 분수를 굽어보는 포세이돈 동상처럼 꼼짝 할 수 없었지요. 날아다닐 때는 보이지도 않게 분주하던 날개를 접고 그 작은 등에 가만히 물도 몇 방울 맞았어요. 그리고 시원한지 깃털을 털더니만 다시 새잎이 무성한 나뭇가지 사이로 포르르 날아갔어요.

페루에 있는 나스카 평원에는 거대한 벌새 그림이 있다고 해요. 엄지만 한 작은 벌새를 높은 하늘에서만 알아볼 수 있는 거대한 크기로 그려놨다고 하더군요. 벌새 그림의 몸길이는 100m에 달한다고 해요. 누가 어떤 목적으로 어떻게 그렸는지는 아직도 신비에 싸여 있다고 해요. 아무튼 벌새는 예전부터 특별한 주목을 받아온 것만은 틀림이 없나봐요.

저는 오늘 전설 같은 이 벌새를 보았어요. 다시 벌새를 본다면 언제든지 시원한 물줄기를 내뿜으며, 온순하고 착한 포세이돈 동상이 되어 줄 거예요.

아아, 그런데 어쩌죠? 텃밭에 물을 줄 때마다 그 녀석이 오지 않나 기다리게 될 것 같은데….

새야 새야

바람소리와 물소리, 새의 노랫소리는 자연이 우리에게 들려주는 평온한 음악이다. 이 중에서 새들의 노래는 자연이 우리에게 들려주는 화음 중에 으뜸이다. 새들의 노랫소리가 창밖에 한창이다. 어느새 동이 터 온다. 새소리를 들으며 잠에서 깨어나는 아침은 행복하다. 바야흐로 봄이 왔나 보다.

우리 집 주변은 그린벨트 지역이라 여러 종류의 새를 자주 볼 수 있다. 푸른 공단처럼 고운 깃털을 가진 새는 블루제이다. 블루제이가 울타리에 앉은 날은 모두가 아침을 먹던 수저를 놓고 숨죽이며 창밖을 내다 본다. 잔 움직임도 없이 우아하게 앉아있다가 순식간에 날갯짓을 하며 날아간다.

아침에 커피 한 잔을 마시며 마당에 작은 새들이 포르르 날아다니는 것을 관찰하기도 한다. 마당의 모과나무를 좋아하는 것은 작은 참새들이다. 이들은 한꺼번에 몰려와 재잘거리며 정답게 놀다가는 어린아이들 같다. 그래서인지 유난히 반갑다.

지난해의 일이다. 출근을 하려는데, 현관 앞에 건조한 풀잎과 이끼 등이 떨어져 있었다. 아이가 놀다가 버려둔 지푸라기인가? 얼른 쓸어 내었다. 외출 후 집에 돌아와 보니, 검부러기 무더기가 또 있었다. 아이가 아직 학교에서 돌아오지 않았는데 이상했다. 비로소 고개를 들어 위를 올려다 보니, 현관등 위에 지푸라기 뭉치가 얹혀 있는 것이 로빈이 둥지를 틀기 시작한 모양이었다. 둥지를 트는 것은 알을 낳으려는 거다.

"그거, 같이 동거할 것인지 아닌지 빨리 결정해야 해."

새둥지 이야기를 했더니 경험자인 분이 충고했다. 나는 현관문 위의 새와 동거할 자신이 없었다. 망설이다 전등갓 위의 지푸라기 뭉치를 쓸어 내렸다. 집 앞의 함박나무에서 주황색 배를 가진 로빈이 날카롭게 짹짹거렸다. 집을 부수지 말라는 피맺힌 절규였을 것이다. 무척 미안하고 안쓰러운 마음이 들었지만, 다시 집을 못 짓게 전등을 비닐봉지로 씌워 놓았다.

언젠가 조류 독감이 뉴스에 주된 화제가 될 때였다. 화단에 비둘기가 뻣뻣하게 누워 있었다. 왜 하필이면 우리 꽃밭에 들어와 몸을 뉘었을까? 조류독감, 무서운 생각이 들었다. 비둘기를 묻어줄 생각도 못하고, 남편이 퇴근하기를 기다렸다. 그 후로도 오랫동안 그 근처에 가는 것조차 꺼려졌다.

생각하면 지나친 반응이었던 것 같다. 새들의 노랫소리는 마냥 좋아하면서도 그 예쁜 모습만 보려 했지, 그들도 삶과 죽음이 있는 존재라는 생각을 하지 못했다. 나는 아름다운 새들과 더불어 사는 계절들에 늘 감사하다고 생각했다. 그러나 막상 새들이 내 안에 둥지를 틀려고 하면 한사코 마다했다. 그들이 본질적인 모습이 보이면 오히려 두려워하고, 도망치고, 애써 외면했다.

새를 대했던 내 모습을 되돌아 보니, 사람들과의 관계도 비슷했다. 사람들과 어울리면서도 진정으로 함께 고락을 같이할 준비를 하지 않고 늘 적당한 선에서 사람들과 거리를 두려고 한다. 그러다 보니, 서로의 흉허물을 부끄러워하지 않고 진정으로 어울려 지내는 사람이 드물다.

새는 또한 나에게 문학과도 같은 존재였다. 문학이 좋아 그 언저리에서 늘 맴돌면서도 글쓰기가 나의 생활에 물질적인 도움을 주지 않을 거란 생각에 늘 문전박대했다. 겉으로만 좋아하면서 한 번도 내 안에 진심으로 그 아픔까지 품어안은 적이 없는 존재. 그것은 나를 찾아오는 새만이 아니었다.

계절이 바뀌기 전에 우리집 마당에 놀러오는 치카디, 허밍버드, 정코 등 새들의 이름과 특성에 대해서 공부해 보고 싶다. 그리고 올해는 현관등 위에 집을 지으려는 새가 있으면 같이 살아보려고 한다. 현관 앞에 오물이 떨어지면 신문지로 받아내고 청소하면 그만이었을 것을…. 이 녀석들이 알을 낳고, 새끼들이 자라 훨훨 나는 모습을 보면 또 얼마나 신기하랴.

큰길 건너편에 키가 큰 플라타너스 나무가 더없이 푸른 하늘에 부채살처럼 가지를 쫙 벌리고 서 있다. 갑자기 파란 하늘로 점점이 잎들이 날린다. 놀라서 바라보니 나뭇잎이 아니다. 한 무리의 새들이 하늘로 날아오르고 있다.

동치미 담그기

겨울철의 별미인 동치미는 무를 통째로 항아리에 담가 얼음이 살큼 얼어 있는 국물과 함께 먹는다. 동치미독에 살얼음이 얼었다 녹았다를 반복하면서 시원하고 새큼한 국물맛이 생기고 무는 더욱 아삭해진다. 온 가족이 모여 아궁이에서 막 꺼낸 뜨거운 군고구마의 껍질을 살살 벗겨 호호 거리며 먹을 때, 시원한 동치미 한 사발이 꼭 필요하다. 이렇게 궁합이 잘 맞는 음식이 있어 긴긴 겨울밤도 맛있게 지나간다.

예전에 먹었던 음식을 그리워하는 것은 그 맛을 그리워하는 것일까, 아니면 그 음식을 먹던 때의 나의 모습과 스냅사진처럼 떠오르는 그 분위기를 그리워하는 것일까? 한겨울이 되면 나는 꼭 동치미가 먹고 싶어진다. 내 몸속에 내재된 시계가 땡땡거리며, 동치미를 달라고 아우성을 친다. 이 시계를 멈추려면 시골집 뒤란의 항아리에서 잘 익은 동치미무와 얼음이 둥둥 떠 있는 국물을 한 양재기 퍼 와야 할 것이다.

여러 가지 김치를 담가 보았지만, 여태까지 시도해 보지 않은 것이 동치미였다. 동치미를 담가둘 옹기도, 그 옹기가 옹기종기 어울려 겨울을 날 장독대도 없기에 시도해 보지 않았는지도 모르겠다. 아니다. 이것은 핑계에 불과하다. 갖은 양념으로 맛을 내는 김장 김치와는 다르게, 별다른 재료없이 담그는 동치미야말로 손맛이라고 생각되었다. 그래서 동치미는 내가 감히 어떻게 해 볼 수 없는 경지의 것이라 생각했었다.

그런데, 지난 추수감사절 무렵에 누가 동치미무 몇 단을 가져다 주었다.

"오레곤에 있는 시댁에 가야 하는데 이 무들을 어떻게 할 시간이 없어. 언니라면 안 버리고 먹을 것 같아."

무는 잎이 누렇게 시들어 가고 있어 금방 어찌 하지 않으면 안될 것 같았다. 자주 들여다 보는 요리책을 꺼내 보았다. 동치미를 담그는 법은 아주 간단했다. 무는 손질하여 소금 간하고, 마늘과 생강은 저며서 보자기에 싸 넣고, 파는 뿌리째 씻어 넣고, 매운 고추도 몇 개 넣었다. 물은 끓여서 약간 식힌 따뜻한 물을 부으라고 했다.

그늘진 곳을 찾아 작은 야외용 탁자 위에 동치미통을 놓아 두었다. 다음 날 아침 동치미가 잘 되고 있는지 궁금하여 뚜껑을 열어 보았다. 그런데, 이게 웬일인가! 무잎들이 다시 살아나 고개를 들고 있었다. 소금을 덜 넣어서 생긴 일인 것만 같았다. 얼른 소금을 가져다가 몇 숟가락 더 넣었다. 그리고 얼른 국물맛을 보았다. 쓴맛이 났다. 설탕을 좀 넣어야 될 것 같았다. 설탕을 몇 숟가락 넣었다. 요리책에 나온 대로 똑같이 따라했는데 아무래도 뭐가 잘못된 것 같았다.

며칠 후에 다시 동치미통 뚜정을 열어 보았다. 이번에는 국물이 끈적거리는 것 같았다. 그리고 무잎은 누런색으로 바래가고 있었다. 아무래도 실패한 것이 틀림없었다. 그렇지만 버리기도 아깝고 그냥 두어 보기로 했다.

크리스마스가 다가왔다. 동짓날 단팥죽과 군고구마를 해 먹으면서, 동치미 생각이 났다. 동치미통에서 무를 하나 꺼내고 국물도 덜었다. 보기에 전보다는 좀더 나은 것 같았다. 그러나 맛을 보니, 생무도 아니고 익은 무도 아닌 어정쩡한 맛이 강했다. 그리고 국물도 아직 끈적거림이 남아 있었다. 동치미를 먹고 난 뒤, 트름이 나오고 속도 불편했다. 아무래도 동치미를 담느라고 바쁜 시간만 축낸 것 같아 그 동치미가 얄밉기까지 했다.

가끔씩 뜰에 나가 동치미통과 마주치는 일이 있었어도 그 뚜껑을 열어볼 엄두가 나지 않았다. 1월내내 그 동치미를 잊었다. 2월 어느 날 이었다. 점심을 먹으려는데, 별다른 반찬거리가 없었다. 그 동치미가 생각났다. 혹시나 하고 동치미통을 열어보니, 의외로 보기에 그럴듯한 모습을 하고 있었다. 통에서 올라오는 새콤한 냄새가 입안에 침을 고이게 했다. 냄새만으로는 아주 맛있는 동치미 그대로였다. 조심스럽게 무를 채썰고 찬물을 타서 국물의 간을 맞추었다. 무는 아삭아삭하면서도 새콤하고, 국물은 시원한 맛이 났다. 그날은 동치미만으로 밥 한 그릇을 다 비울 수 있었다. 잘 먹고 나니 그동안 동치미통을 흘겨보던 것이 미안했다.

그날 오후, 친구와 수다를 떨다가 동치미 이야기를 했더니 좀 달라고 했다.

"나도 좀 줘 봐."

"진짜, 맛은 없는데, 한번 먹어봐."

"혹시 맛이 없으면, 무를 채썰어 양념에 무쳐 먹어."

다음에 그 친구를 만났을 때, 친구는 동치미 이야기부터 했다. 너무 맛있어서 계속 동치미만 먹었더니, 딸이 물었단다.

"엄마, 그게 그렇게 맛있어?"

친구는 그 동치미를 이틀만에 다 먹었다고 했다.

그 친구는 열심히 동치미 담는 법을 나에게 물었다.

"그냥 어렵지는 않아. 양념도 필요없고. 제일 중요한게 인내심인 것 같아 동치미를 익게 하는 것은 내 솜씨가 아니라, 익을 때까지 초조해 하지 않고 기다려 주는 것 말이야."

처음으로 시도하는 일들은 용기가 필요하다. 그것은 과정보다는 결과를 먼저 생각하기 때문일 것이다. 나도 동치미맛을 내기 어려울 거라는 가정을 미리 세워놓고, 시도하지 않았다. 얼떨결에 동치미를 담그게 되고 나서도 동치미가 익는데 많은 시간이 필요하다는 것을 알지 못하고, 괜히 동치미통을 보면서 심술을 부리지 않았던가. 사람들이 처음 시도하는 일에도 결과를 얻기까지 꾸준한 기다림이 필요한 때가 많을 것이다. 신뢰하고 기다려야 시원하고 맛있는 동치미의 국물을 맛볼 수 있는 것처럼 말이다.

쉰 고개

얼마 전에 〈국제시장〉이란 영화를 보러 갔다. 6 · 25전쟁, 파독광부, 그리고 월남전, 이산가족 찾기까지 파노라마 같은 한국 역사를 살아낸 덕수라는 남자가 있다. 일본강점기에 태어나 6 · 25동란을 겪고 파란만장한 삶을 살다가신 부모님 세대를 떠올리며, 그의 말대로 자식 세대인 나는 그런 시절을 겪지 않은 것을 감사했다. 요즘 많은 사람들이 이 영화에 대해 이야기를 한다. 나에게는 국제시장에서 상인으로 볼품없이 늙어온 덕수가 아내와 부산 앞바다를 내려다보며 꿈을 이야기하는 장면이 인상적이었다. '내 꿈은 선장이 되는 것이었다.' 그의 아내는 왜 그 말을 한 번도 하지 않았느냐고 묻는다. 그렇다. 그에게도 꿈이 있었다.

영화를 보고 나서 생활인으로 '살아내는' 일과 꿈을 추구하는 일에 대해 생각이 많았다. 마침 고등학교 단짝이었던 친구도 만났던 터였다. 화가가 되고 싶었던 친구는 의상 디자인을 하고 있다. 그리고 막연하게 소설가를 꿈꾸던 여고생. 우리는 둘 다 꿈에서 멀어져 있고, 아직도 편하게 밤잠을 이루지 못하고 직업 전선에서 고군분투하고 있다.

영화에는 19금이란 영상등급이 있다. 영상물이나 공연물에서 19세 이하는 관람 불가라는 뜻에서 19금이라고 한다. 주로 청소년들이 보기에 과도한 노출을 했을 때나 폭력의 수위가 높을 때 적용되는 가장 높은 수위의 등급이다. 스무 살이 되기 전에 접해서는 안 되는 것이다. 19금을 뒤집어 보면 그 나이에는 보호되어야 할 순수의 등급이 존재한다는 뜻이기도 하다. 고등학생이었던 그때에 우리가 몰랐던 것들을 알게 되었던 나이는 지나고 보니 인생의 황금기, 청춘이라 불렸다.

요사이는 49금이란 우스갯말도 있다. 49금. 나이 쉰이 되기 전에는 접하지 않아야 하는 것들이 뭐가 있을까? 신세대가 아니라 쉰세대, 겉불에 혹하지 말고 속불을 살려라 등등 49금도 19금처럼 성적인 담화가 주를 이루었다. 다른 점이 있다면 19금은 왕성한 상상력을 제재할 목적인데 반해 49금은 잔치가 끝난 후의 허무함에 대한 자조적인 위트가 주종이었다.

이런 담화를 주워 읽고 키득거리는 것도 잠깐, 나도 이제 49금을 지날 나이가 코앞에 닥쳤음을 느낀다. 우둔하여 지천명知天命은 못 하더라도 인생의 반환점에 이르렀다면 뭔가 달라지는 것이 있어야 하지 않을까? 나이 쉰이 되기 전에는 얻지 못하는 것들이 뭐가 있을까? 그것을 생각하기는 쉽지 않았다. 그래서 뒤집어서 나이 쉰이 되었을 때 해야 할 것들에 대해 생각해 보았다.

몸은 하루가 다르고, 시간은 시시각각 주름살을 늘어가게 할 것이다. 나이로 인하여 잃어버린 것들이 많을 것 같다. 그러나 또한 얻어지는 것을 보려 한다. 나이 쉰이 되면 갱년기 이후의 신체 리듬의 변화와 그것을 인정하는 솔직함에서 얻어지는 편안함도 있을 것이다. 오래된 숲 속에 조화롭게 들어선 식물들처럼 편안한 풍경을 만들어 내고, 무엇인가로 영혼의 빈틈을 조화롭게 채울 수 있는 기회가 비로소 다가오는 것이 아닐까 하는 생각을 해 본다.

나이 쉰에는 염색을 하려고 한다거나, 주름살을 없애려고 안간힘을 쓰지 않아도 될 것 같다. 외적인 화려함보다는 내면에서 풍기는 아름다움에 공을 들여야 할 것이다. 영화 〈시〉에서 열연한 배우 윤정희 씨는 자연스럽게 늙었을 때 우러나는 아름다움의 정수를 보여준다. 비슷한 연배임에도 성형으로 주름살 하나 없는 다른 여배우가 가질 수 없는 아름다움이다. 사람들을 더 깊게 이해하고 마음을 부드럽게 하여 몸에서 온화함이 절로 우러났으면 좋겠다.

얼마 전에 지난 몇 년간의 가족사진들을 들여다볼 기회가 있었다. 문득 내 사진들만 모아서 화보를 만들어 보면 어떨까 하는 생각이

들었다. 더없이 나다운(?) 얼굴과 지나온 시간들을 담아보고 싶다. 쉰이 되면 지나온 시간들을 화보로 만든다 해도 흉이 되진 않을 것이다. 쉰의 언덕에 서서 지나온 길을 뒤돌아 보며, 또 앞으로 가야 할 길을 내려다보며 부끄럽지 않은 얼굴을 가지고 싶다.

이제는 욕심을 내어 더 큰 집을 가지려는 꿈은 버릴 것이다. 아이들도 다 자라 떠난 자리의 쓸쓸함을 채워 줄 나만의 공간을 하나 만들어 온 벽면을 책으로 가득 채우고 램프 아래서 글을 쓰는 모습을 꿈꾼다. 그곳에서 기도를 많이 하고, 가끔은 울기도 하고, 여전히 꿈을 꾸고 싶다.

자신과 더 이상 불화하지 않고, 자신을 사랑할 수 있는 나이, 쉰. 그렇다면 즐거이 쉰을 맞고 싶다.

가을귀

요란했던 여름이 문을 닫고 아이들은 학교로 돌아갔다. 수영장에서 들리던 아이들의 즐거운 함성도 사라졌다. 동네 야구장의 시끌벅적한 응원 소리도 활짝 피어난 코스모스에 자리를 내준 지 오래다. 소슬바람이 나뭇가지를 흔들고 간다. 나뭇잎은 아쉬운 듯 한잎 두잎 파르르 몸을 떨며 제 살붙이를 떠나간다. 도토리를 입에 물고 담장을 뛰어오르는 다람쥐 소리가 적막을 깬다.

겉옷을 걸치고 마을의 호숫가로 산책을 나선다. 호수는 살짝 안개를 덮고 늦잠을 자고 있다. 블루베리가 풍성하게 익어가던 나무들은 이제 빨간 단풍잎 몇 개만 달고 있다. 가지마다 찾아들던 새들의 빈자리를 거미줄이 대신하고 있다. 심심한 거미줄은 애먼 이슬방울들만 대롱대롱 매달고 있다.

기억 속의 가을이 이슬방울에 아롱진다. 손가락으로 이슬방울을 건드려본다. 서늘한 감촉이 머릿속까지 내달린다. 안갯속으로 난 길을 따라가다 보면, 벼가 영글어 가는 가을 들판에 다다를 것 같다. 올해도 고향의 볏논에는 이슬을 가득 달고 낭창거리는 거미줄이 아침을 맞고 있을 것이다. 아침 안개를 걷어낸 굵은 햇살은 벼를 영글게 하고, 사르락사르락 잘 여문 나락 알들이 바람에 출렁인다. 논물을 빼낸 물고랑에는 살진 미꾸라지가 팔딱거린다.

볏논에만 가을 햇살이 내리쬐는 것은 아니다. 주황색 꽈리 속에 먼저 듬뿍 스며들고, 꽈리를 감싼 껍질은 물기를 다 내주고 바스락거린다. 톡, 콩껍질이 벌어진다. 툭, 알밤이 벌어져 떨어진다. 탁타닥, 도토리가 떨어진다. 얼굴 붉힌 잘 익은 사과들로 무게를 이기지 못한 가지가 휘어진다. 가을은 번잡하지는 않지만 이렇듯 야무진 소리로 제 깊이를 더해 간다.

쓰왜앵 쓰왜앵. 어느 별의 외계인이 신호라도 보내는 걸까? 한낮의 적막 속에서 이명을 듣는다. 적막이 물러가면, 풍경 소리가 드리운 산사의 저녁을 생각한다. 저녁은 작은 소리들이 더 잘 들리는 시간이다. 바위틈에서 똑똑 떨어지는 물방울 소리, 파도 소리 같은 솔바람 소리도 어느 때보다 큰 공명을 일으키며 숲을 지킨다. 똑. 똑. 똑. 그러고 보니 가을 밤, 나를 잠들지 못하게 하는 것은 낙숫물 떨어지는 소리가 아니었다. 가을 시계가 내는 분침 소리였나 보다.

가만히 귀 기울이면 달빛이 대나무 잎에 서걱이는 소리도 들리는 것 같다. 마을을 에워싸고 있던 대숲에서 바람이 인다. 파도치듯 스와아, 스와아 소리가 몰려왔다 몰려간다. 깊은 밤, 어둠 속에서 들었던 소리는 대숲을 흔들고 가는 바람 소리가 아니라 세상의 온갖 시름을 토해내는 우주의 신음 소리 같았다. 이제는 대숲은 사라졌고, 그곳에 흘러가던 바람 소리를 그리워하는 이가 있다는 것을 누가 알기나 할까? 대숲이 있던 자리를 비추는 달빛이 다만 고요하리라.

가을의 소리가 낮고 차분하다 해서 쇠락의 소리는 아니다. 손에 쥔 것을 놓아야 할 때를 알아야 한다고 조근조근 일러주는 소리이기도 하다. 나무들은 건강한 초록을 내주고 눈부신 단풍이 되었다가, 가진 잎을 모두 떨구고 근사한 나목이 된다. 나무들이 진실하게 자신의 속살을 보여주는 계절은 또 얼마나 아름다운가? 이는 보낼 때를 놓치지 않는 지혜가 주는 선물이다. 날씨가 서늘해진 다음에도 떨어지지 않으려고 바둥거리는 나뭇잎은 고운 단풍이 되지 못한다. 떨어지지 않은 나뭇잎들은 나뭇가지에서 말라 겨우내 칙칙하게 흔들거릴 것이다.

가을귀는 가을의 예민한 소리를 들어 내는 섬세한 귀를 말한다. 가을은 영혼을 부드럽게 쓸어주는 소리들이 잘 들리는 때이다. 낮은 소리는 사색을 부른다. 그 소리들은 생각들이 깨어나라고 부드럽게 쓸어주는 깃털 같다. 이런 사색의 과정을 통해 내면에서 터져 나오는 소리를 듣는다. 그리고 그 소리는 영혼의 새로운 씨알들을 부화시킨다. 그러니 밖의 소리에만 민감하지 말고, 마음의 소리도 잘 들을 수 있어야 진정 가을귀를 가졌다 할 것이다. 밝은 가을 달처럼 영혼의 귀도 밝아지기를 소망한다.

청둥오리가 앉았던 호수에 바람이 분다. 마음껏 물비늘을 일으키더니 연잎을 흔들고 간다. 바람이 옷깃을 파고 든다. 낙엽들도 외로움을 타는지 우르르 우르르 몰려다니다가 골목 한 귀퉁이에 한 무더기씩 모여 있다. 뚜욱 뚝 뚜두둑. 낙엽 더미에 빗방울이 떨어진다. 또박또박 아직은 빛바래지 않은 빨간 우산 하나가 깊어가는 가을을 밟고 간다.

이사콰의 가을

계곡을 따라 밀려드는 관광객들이 연어 떼처럼 인산인해를 이룬다. 시애틀 근교의 작은 도시 이사콰에는 해마다 연어축제가 열린다. 도심을 가로지르는 계곡으로 연어들이 서로 등이 부딪히도록 빼곡하게 계곡을 거슬러 온다. 코호 연어의 빛나던 은빛 몸통은 가을 단풍처럼 붉게 몸의 빛깔을 바꾸었다. 어떤 연어는 턱뼈도 갈고리처럼 휜다고 한다.

뚝. 뚝. 계곡물에 떨어지는 나뭇잎과 함께 시간도 떨어진다. 막 여행을 마치고 마지막 숨을 할딱이는 연어의 무리들이 모여드는 계곡물처럼 시간은 처음에서 끝으로, 높은 곳에서 낮은 곳으로 쉼없이 흐른다. 그 흐름이 때론 너무 빠르게 느껴져서 아득하기까지 하다.

모천으로 돌아와 생의 여정을 다 이룬 연어들을 보니, 몇 달 동안 이사콰의 병원에 누워 계셨던 아버님의 마지막이 겹쳐진다. 아버님은 송어나 연어 낚시를 무척 좋아하셨다. 긴 장화를 신고 강물에 들어가 플라이 피싱을 즐기셨다. 낚시에 쓸 곤충 모양의 미끼를 만드는 일에도 열심이셨다.

어느 날 예고 없이 두 번째 뇌졸중이 찾아왔다. 가족들은 아버님께 남겨진 시간을 조금이라도 더 늘려 드리기 위해 애썼다. 의사는 남은 시간이 얼마 없으니 아버님과 같이 있는 그 시간을 충분히 즐기라고 했다.

물살을 따라 내려가는 것은 어렵지 않은 일이다. 그러나 물살을 거슬러 노를 젓는 일은 수십 배나 힘들다. 돌아오는 여정이 험난한 것은 물살을 거슬러 헤엄치는 일만이 아니다. 연어들은 혼신을 다해 솟구쳐 올라 보를 넘고 폭포라는 장애물을 뛰어넘는다. 그들을 기다리고 있는 짐승들의 먹잇감이 되지 않아야 한다. 더욱 놀라운 것은 연어는 모천으로 회귀하는 긴 여행 동안은 아무것도 먹지 않는다고 한다. 연어들이 강을 거슬러 헤엄치는 힘은 어디에서 오는 것일까?

아버님의 시간을 거스르는 일도 쉬운 일이 아니었다. 자신의 몸을 의지대로 움직일 수 없는 안타까움이 눈물 방울로 맺혔다가 사라지는 것을 보았다. 아버님은 생의 마지막 20여 일 동안 거의 곡기를 끊으셨다. 그러곤 피곤하다, 쉬고 싶다 하셨다. 재활하기 어렵다는 사실을 아시고 그렇게 하셨는지도 모르겠다.

이사콰 계곡으로 돌아오는 코호나 샤카이 연어들은 태어나서 얼마 후 사마미쉬 호수를 따라 내려가서 태평양에서 성년기를 보낸 것들이다. 은빛 비늘을 반짝이며 유유히 헤엄을 치며 큰 바다에서의 모험을 즐겼을 것이다. 그러나 더러는 험난한 파도에 휩쓸려 최후를 맞거나 고래나 큰 물고기의 먹이가 된 것도 있을 것이다.

병원에 계시는 동안, 몸을 움직이지 못하는 아버님의 다리를 주물러 드리며 당신께서 살아오셨던 이야기를 들려달라고 조르곤 했다. 아버님은 1920년대 말 미국의 대공황기에 태어났다. 넉넉지 않은 가정에서 삼형제 중 둘째로 고등학교를 졸업하자마자 생계를 위해 벌목장에서 일을 하게 되었다. 그러다가 통나무에 맞아 엉치뼈가 부러지는 부상을 당했다고 한다. 야망에 차 있을 스무 살의 청년이 걷지도 못하고 병상에 누워서 가장 절망적인 인생의 시간을 맞았다. 당신은 절망에서 탈출하기 위해 공부를 하기로 결심하고 ROTC 장학생으로 대학을 다녔다. 때마침, 2차세계 대전과 우리나라의 6 · 25 전쟁일 때였다. 때문에 미군 장교로서 이국의 땅에서 일어난 6 · 25 전쟁에 목숨을 걸고 참여했다. 그로부터 태어나지도 않은 미래의 나와 아버님의 인연이 시작된 것인지도 모른다.

나는 아버님을 보잉 항공사에서 일하며 아폴로 우주선 계획에도 참여하신 고급 엔지니어로만 알았다. 노후를 넉넉하고 평온하게 지내셔서 아버님께 그런 어려운 시절이 있었다고는 생각하지 못했다. 일제강점기에 태어나서 기아와 6 · 25동란을 겪고 온갖 고생을 하시며 자식들을 키우셨던 친정아버지가 생각났다. 두 아버지의 삶이 어느 정도 닮아 있었다.

그날 새벽, 잠에서 깨었을 때 예감이 이상했다. 서둘러 큰아이를 깨워 아버님의 병실로 갔다. 전날 저녁, 둘째 아이와 남편은 오랫동안 아버님 곁에 있었지만 우리는 그러지 못했기 때문이다. 아버님은 병실에서 혼자 주무시고 계시다가 우리가 들어서자 눈을 뜨셨다.

"아버님, 저희 왔어요. 이 아이가 아버님의 이름을 물려받은 장손이에요."

아버님은 큰아이를 한 번 쳐다보시더니 특유의 엄지 손가락을 치켜세우셨다. 다리를 주물러 드리며 전부터 드리고 싶었던 말을 했다.

"아버님, 좋은 가풍에서 아들을 잘 교육시켜 주시고, 저를 며느리로 미쁘게 받아들여 주셔서 고마워요. 아버님의 사랑 안 잊을게요."

아버님이 돌아가시기 전 마지막 새벽이었다. 다음 날, 또 다음 날도 밝아 왔고, 아버님은 한 줌의 재가 되어 연어들이 뛰노는 전나무숲 계곡으로 되돌아가셨다.

바람이 불지 않아도 단풍잎이 뚝뚝 떨어진다. 삶과 죽음이 모두 자연의 한 조각이란 말을 생각하며 배를 뒤집어 눕는 연어를 애도한다.

헛간이 허물어졌을 때

어머니가 돌아가시고 몇 해가 지났다. 고향 집은 소라게가 빠져나간 껍데기가 썰물에 뒹구는 것처럼 쓸쓸하게 내버려져 있었다. 고향 집은 부모님의 흔적이고, 북적이며 자랐던 추억이 있는 곳이지만 바쁜 형제들에게 하루에 다녀오기엔 벅찬 거리였다. 결국 집을 개조하여 별장처럼 쓰자는 쪽으로 의견이 기울었다. 부엌방을 터서 뒤쪽으로 욕실을 넣고, 집 안에 있던 잡동사니 물건들을 치워서 방을 정돈했다는 사진을 받았다. 막내는 어머니 살아계실 때 이렇게 편리하게 고쳐 드렸으면 좋았을 걸 하며 눈물을 흘렸다.

하지만, 집을 수리할 때 미관을 해치고 쓸모없이 자리를 차지하고 있다는 이유로 헛간도 함께 헐렸다는 걸 알게 되었다. "어매, 어찌까. 제일 중한 것을 없애부럿네." 헛간을 제일 크게 아쉬워한 사람은 진뫼의 도수 오라버니였다. 친형제는 아니지만 도수 오라버니는 헛간에 있었던 아버지의 지게, 어머니의 물레 등 부모님의 땀이 뱄을 유품을 걱정했다.

헛간은 측간 때문에 좋든 싫든 매일 드나들어야 하는 곳이었다. 한낮의 이명 소리를 들으며 쭈그리고 앉아 오래된 누런 신문지의 글자들을 읽어 내던 어린아이가 거기 있었다. 땅속에 묻힌 커다란 독에 놓인 널판을 딛고 돌아서면, 무릎을 구부리고 앉아 되새김질하는 염소의 동그란 눈과 마주쳤다. 그리고 부고장이 든 누런 봉투를 꽂아두던 새끼줄이 어깨 언저리에서 흔들렸다. 건너편에는 볏짚으로 촘촘하게 엮은 닭 둥우리가 서까래에 매달려 있었다. 닭들은 둥우리를 오르내리며 부지런히 알을 낳았다. 출입구 벽 옆으로 나지막이 덧대어 지은 닭장 위로 호박넝쿨이 올라가고 있었다.

헛간엔 문이 없었다. 그저 돌을 쌓고 짚을 썰어 넣은 흙을 한 켜씩 쌓아 만든 벽은 눈비를 머금기도 하고 바람을 막기도 하고 때론 적당히 들여놓으며 늘 순하게 제 역할을 감당했다. 더럽거나 냄새가 나는 것들도 헛간에 들어가면 제자리를 찾은 듯 편해 보였다. 헛간 한가운데 지붕을 받치던 구불텅한 큰 기둥에는 매어진 염소가 새끼를 낳아 기르고, 안쪽으로는 왕겨나 보릿짚 등을 쌓아 만든 두엄더미가 있었다. 농가에서 여러 가지로 쓸모가 많았던 짚단들도 푸짐하게 쟁여 있었다. 짚단 사이에 오르내리며 숨바꼭질하다가 닭이 만들어 둔 비밀 둥지에서 따뜻한 알을 꺼내던 손의 감촉은 아직도 생생하다.

헛간은 말 그대로 허드레 것들을 보관하던 장소다. 농사일에 필요한 도구들이 거기 있었다. 아버지의 쟁기, 봄에 뽕나무밭에 분뇨를 퍼 나르던 장군, 물건을 담아내던 삼태기, 병아리를 키우던 엇가리가 있었고, 어머니의 물레는 헛간 벽에 걸려 있었다. 초가지붕을 슬레이트로 바꾸면서 지붕을 옆으로 더 빼내어 풍구라든가, 아버지의 지게 등을 보관했다.

헛간이 허물렸다고 했을 때, 부모님의 손때 묻은 이런 농기구들이 같이 사라졌을까 봐 가슴 졸였다. 부모님들이 살아 내셨던 그 지난했던 삶의 무늬들이 가장 뚜렷하게 새겨진 곳이 헛간이 아니던가. 아쉬움이 컸다. 오히려 그 미련스럽고 불편했던 측간도 그립다. 공주처럼 깔끔하고 예쁜 조카 손녀들이 시골집에 묵으면서 그곳을 체험해 보는 것도 나쁘지 않았을 것이다.

헛간에선 잠시 휴지기를 갖던 농기구들이 때가 되면 불려 나갔고, 냄새나던 거름더미도 봄이 되면 자연의 질서로 착하게 순환되었다. 돌이켜보니, 헛간이야말로 가장 효율적으로 공간 사용이 이루어진 곳이다. 농가라면 꼭 있어야 할 곳이다. 그러나 헛간이 사라질 때, 사람들의 마음에서도 불편한 것을 품는 여유가 사라졌다. 헛간처럼 우리의 뒷모습을 넉넉하게 품어 줄 수 있는 장소가 이제는 어디에도 없다. 편리함만 좇아다닌 도시인의 역설 같다.

해외 생활 몇 년 만에 고향 집에 갔을 때, 제일 먼저 확인한 것은 아버지의 지게였다. 다행히 아버지의 지게와 어머니의 물품들은 소를 키웠던 창고에 보관되어 있었다. 안도의 한숨을 내쉬었다. 깨끗한 부엌, 아이들이 씻기에도 편리한 샤워실, 어머니가 쓰시던 방과 아버지가 말년에 늘 누워 계셨던 사랑방은 에어컨을 달고 깔끔하게 도배되어 나무랄 데가 없었다. 하나 헛간이 사라진 고향 집은 이제 흔히 볼 수 있는 민박집이나 펜션 같은 주말 주택이 되어 버렸다. 가끔 큰형부가 들러 헛간이 있던 자리에 무성하게 자란 잡초를 베어 낼 뿐이다. 이제 그 헛간은 없다.

한 그루 포도나무

우리 집 포도나무는 올해도 무성한 잎을 내었다. 미국사람들은 이 포도나무를 콩코드 포도라고 부른다. 한국에서 먹던 탱글탱글한 포도송이가 열린다. 한 번도 거름을 준 적이 없지만 포도나무는 어느 해는 조금 적게, 어느 해는 조금 더 많이 해마다 알아서 열매를 맺는다. 올해도 좋은 열매를 많이 맺어주길 고대하면서 포도나무를 바라본다.

오래된 줄기는 동아줄처럼 구불텅구불텅 담장 밑까지 편안하게 주저앉아 있다. 물 빠짐이 좋으면서도 척박한 땅에서 잘 자란다는 이 나무의 뿌리를 생각하게 된다. 얼마나 깊이 땅속을 헤집고 들어가야 어떤 가뭄에도 끔적 않는 나무가 되는 걸까. 땅의 표면에 있는 양분을 쉽게 받아먹으며 자란 식물들과는 한결 다른 결기가 느껴진다.

다른 나무보다 늦게 잎을 내는 포도나무는 오뉴월에 줄기가 뻗어 나갈 때는 그 기세가 맹렬하다. 뻗어가는 줄기는 넝쿨손을 내밀어 어디든 붙잡는다. 마치 낭떠러지 언덕을 걸어 올라가는 사람처럼 한 걸음 내딛는 것이 위태위태하지만 용케도 담장을 타고 중심을 잡아 나간다. 남들이 가지 않는 길을 향해 가는 개척자처럼 두려움 없이 나아가는 기세가 자못 당당하다.

나에게 포도나무는 나누는 기쁨을 알게 한 나무다. 특별한 기술이 없어도 줄기를 잘라 땅에 묻으면 쉽게 새 묘목을 얻을 수 있다. 이러한 꺾꽂이법 외에도 살아있는 덩굴을 흙으로 덮어주는 휘묻이 방법으로 쉽게 뿌리를 내려 새로운 나무를 얻을 수 있다. 지난 수년간 포도 줄기를 꺾꽂이하여 여러 그루의 묘목을 내어 원하는 사람들에게 나누어 주었다.

그중 한 그루가 사람을 거쳐 건네진 곳이, 식물 가꾸기를 좋아하는 어느 목사님 댁이었다. 서너 해가 지나자 입양 보냈던 그 나무에 처음으로 포도 몇 송이가 열렸다고 한다. 목사님 내외분은 처음 수확한 포도를 먹지 않으시고 정성껏 성찬식에 쓸 포도주를 담갔다. 그 후, 부활절에 나는 그 교회에서 세례를 받았다. 그리고 성찬식에서 그 나무에서 난 첫 포도주를 마셨다. 그 섭리가 참으로 신비하다.

새로운 가지에 싱그러운 잎이 가득한 건강한 포도나무를 바라보는 마음이 기쁘다. 포도송이는 그해 새로 낸 줄기에서만 열린다. 잘 발육된 일년생 가지 마디마다 눈이 형성되고 다음 해에 그 눈에서 새 가지가 자라나면서 열매가 달리게 된다. 낡은 것에 안주하기보다는 항상 새로움을 추구하는 참신함을 이 나무가 일깨워 준다.

하지만, 덥석덥석 가지만 무성해도 좋지 않다. 불필요한 곁가지를 잘라 주어야 본 줄기에서 튼실한 줄기가 나고 좋은 열매를 맺는다. 나는 포도나무요 너희는 가지라, 아무리 풍성한 줄기라도 나무를 떠난 즉시 아무 쓸모가 없게 된다는 말씀을 생각한다.

포도는 무기질과 당분이 많아 과일로 먹을 때는 무더운 계절에 피로 해소에 더없이 좋다. 그러나 이 과일의 최고의 영예는 발효되어 포도주나 샴페인이 되는 것이다. 포도주는 사람들을 정신없이 취하게 하는 난폭한 술이 아니다. 저녁 식사와 더불어 건강과 친교의 즐거움을 위해 마신다. 오래될수록 좋은 포도주라, 참 멋진 말이다. 사람도 나이가 들수록 포도주처럼 깊이를 더해 간다면 얼마나 좋을까.

작고 투명한 잔에 든 핏빛 포도주. 포도나무는 진정 과일과 함께 나무의 뜻까지 신이 준 선물이 아닐까. 그 덩굴을 잘라 묘목을 길러 내는 마음을 이제 성찬식에 쓰인 포도주의 의미를 전하는 마음으로 자라게 하고 싶다.

초여름 아침, 포도나무에는 작은 송이마다 꽃들이 지고 동글동글 작은 열매가 생기고 있다. 여러 곳에 간 묘목을 만들어 낸 어미 나무다. 포도 송이를 자세히 보려 다가가니, 어라, 줄기 하나가 내 손을 잡으려는 듯 덩굴손을 내민다.

순천만에 달 뜨면

아침저녁으로 쌀쌀함를 느낀다. 어느새 가을이 성큼 다가와 있다. 가을을 느끼는 마음속에는 고국에서 품어온 풍경이 하나 자라고 있다. 끝없이 이어지는 갈대밭을 바람이 스쳐 지나간다.

너무나 더웠던 고국에서의 여름, 재외 한글학교 교사 초청연수 막바지에 견학일정이 있었다. 견학한 곳은 여수 엑스포와 순천만 생태공원이었다. 순천만 생태공원은 갈대밭이 유명하다고 했다. 또한 습지식물 서식지, 흑두루미 등 희귀 철새가 모여들고, 일 년에 일곱 번 색이 바뀐다는 칠면초 군락 등 자연환경이 잘 보존된 곳이라고 했다.

여수 엑스포를 구경한 다음 날, 순천대 기숙사에서 아침 식사를 하고 순천만으로 출발했다. 하늘을 보니 비가 올지도 모르겠다는 생각이 들었다. 여름철이라 그런지 사람들은 그다지 많지 않았다. 안내하는 사람은 오늘 같은 날이 구경하기에 가장 좋은 날이라고 한다. 갈대의 키가 높지 않은 여름철에는 너무 더워 걸어 다니기 힘들기 때문이다.

박이 주렁주렁 열린 아치문을 지나니, 연꽃이 고요히 피어있는 연못이 나온다. 연못 주변의 수생식물들도 무척 아름답다. 조금 더 걸으니 갈대밭이 나타났다. 갈대밭 사이로 흘러드는 강을 건너는 아치형 다리 위에 서니 주변의 풍경이 좀더 눈에 들어온다. 사람들이 사진을 찍기 위해 포즈를 취하고 있다. 누군가 나에게 묶은 머리를 풀어 보라고 한다. 이런 곳에서는 바람에 날리는 머리가 더 어울린다나. 머리끈을 풀고 장난스럽게 사진을 많이 찍었다.

초록 물결처럼 바람에 흐르는 갈대숲 사이로 다리처럼 올려 만든 산책로가 있다. 산책로를 따라가니, 갯벌에 주저앉은 돛단배가 있다. 황포돛에 시가 쓰여져 있다. 사람들은 시를 읽기도 하고 어린 아이처럼 포즈를 취하며 사진을 찍는다.

운이 좋은지 마침 썰물이다. 갈대밭 사이로 바닥이 드러난 갯벌에는 수많은 구멍이 뚫려 있다. 작은 게들이 많이 보인다. 구멍들 사이로 게들이 들락거리고 있다. 산책길 중간중간 세워진 말뚝에 붙여진 갯벌 생물들에 대한 사진과 설명이 큰 도움이 되었다.

가장 많이 눈에 띄는 게는 칠게이다. 몸이 좌우 균형이 잘 잡히고,

날렵하게 생겼다. 집게발을 들고 몸을 세우니, 제법 전사 같은 멋이 난다. 몸길이보다 더 큰 기형적인 붉은 집게발을 하나만 흔들고 다니는 녀석도 있다. 커다란 집게발을 한 개만 들고 불안정한 걸음을 하는 놈은 농게의 수놈이다. 농게는 이 집게발로 영역 다툼을 하거나 암컷을 유혹하는 춤을 춘다고 한다. 몸의 앞부분이 붉은색을 띤 도둑게는 칠게보다 약간 크다. 이 도둑게는 인근 마을까지 생활영역을 가지는 놈이다. 인가의 부엌에 들어가 밥을 훔쳐 먹는다고 해서 얻은 이름이 도둑게다.

갯벌 사이사이를 팔딱팔딱 뛰어다니거나, 기어 다니는 눈이 머리 위로 툭 튀어나온 요상하고 귀엽게 생긴 물고기도 어렵지 않게 볼 수 있다. 이 물고기가 짱뚱어다. 짱뚱어는 좀 웃기게 생겼다. 똥그란 눈이 머리에 지점토를 손으로 비벼 붙여 놓은 듯하다. 짱뚱어는 양 옆의 지느러미를 밀어 물이 빠진 갯벌을 기어 다니고 있다.

산책길의 돌아 나오는 어느 지점에 사람들이 몰려 있다. 모두들 엎드려 산책로 아래를 들여다본다. 여러 종류의 게들과 짱뚱어가 한꺼번에 몰려 있다. 갑자기 사람들이 소리친다.

"싸워라, 이겨라!"

호기심에 내려다보니, 짱뚱어 두 마리가 대결의 자세를 하고 있다. 등 뒤로 날개 같은 지느러미를 화려하게 펴고 옆에 있는 놈에게 덤비는 형상이다. 마치 수탉이 한 싸움하기 전의 자세이다. 관전하는 동료 선생님들은 나이를 잊고 싸움을 붙이고 있다. 한 마리가 드디어 입을 벌리고 몸을 날린다. 관중들의 응원 소리도 커졌다. 짱뚱어 두 마리가 구애하는지 정말 싸우는지는 모르겠다. 여름 흐린 날 아침, 갯벌에 사는 생물들을 관찰하는 일이 모처럼 마음의 여유를 주고 동심을 되돌려 놓았다.

안내자가 돌아갈 시간이라고 한다. 다음 일정을 위해 버스에 올랐다. 순천만은 가을이 되면 엄청나게 많은 탐방객이 모여 든다고 한다. 일찍이 산업화의 바람이 불지 않은 덕분에 순천만의 갈대밭은 보전될 수 있었다고 한다. 갈대밭과 갯벌이 희귀 철새를 부르고, 이제는 귀중한 관광자원이 된 것이다. 예전에 가곤 했던 낙동강 하구의 을숙도도 한때는 갈대밭과 철새 도래지로 유명했었다. 그러나 개발의 허명 아래 지금의 을숙도에는 예전의 갈대밭도 남아있지 않고 철새도 사라지고 있다.

며칠 뒤, 순천작가회의에 속해 있는 지인에게 순천만에 다녀온 이야기를 했다. 그분은 대수롭지 않게 말했다.

"우리 문학회는 달 뜨는 밤이면 술 받아 가지고 거기 가서 모이고 그래."

아, 생각만 해도 부러운 정경이다. 그리고 가을이 오기도 전에 나는 갈대밭에 부는 바람과 둥근 달이 뜬 순천만을 생각하고 있다.

5부

소확행

봄이 쳐들어왔다
달팽이전戰
텃밭 이야기
솔아 솔아
가을이다
가을에 심은 씨앗
바람 소리
낚였다
소확행
다시 불을 지피며

봄이 쳐들어왔다

오호라, 해다. 맑고 깨끗한 해가 떴다. 몇 주 동안 이어지는 시애틀의 궂은 날씨를 겪어 본 사람들은 알 것이다. 마침내 비가 그치고 밝게 해가 난 날의 기분을. 열 일 제쳐 두고 산책을 나선다. 마을의 호수와 그린벨트 숲길을 한 바퀴 돌아오는 코스다. 햇살이 환하니 사람들의 표정도 밝다. 만나는 사람들도, 따라나선 개들의 발걸음도 경쾌하기만 하다.

호수로 가는 길엔 갖가지 크고 작은 나무들이 있다. 나뭇가지 사이로 새들이 지저귀는 소리를 듣는다. 작은 새들은 추운 겨울 동안 어디서 비를 피했을까? 짝짓기하려는지 그 노랫소리에서 지극한 정성이 느껴진다. 빨간 날개 블랙버드는 떨기나무 끝에 저만치 혼자

앉아 호수를 보며 길게 '트윗' 하고 소리를 뽑는다. 잠시 후엔 저편에서 '트윗' 하고 맞장구치는 소리가 들린다. 코튼 트리의 높은 가지에 앉아 경쾌하게 지저귀는 새는 주황색 가슴 털로 보아 로빈이다. 로빈의 노래는 피아노 건반 위를 부지런히 움직이며 만들어내는 봄의 왈츠 같다. 작은 참새들이 낮은 관목에서 촉촉거린다. 그 소리는 박자를 받쳐주는 마림바 소리 같다. 찌이릉찌이릉 노래하는 새는 이름을 모르겠다. 까마귀도 질세라 여기에 '까악' 엇박자를 넣는다. 그리고 나무통을 두들기는 딱따구릿과의 소리가 '다다다닥' 이어진다.

새들의 노랫소리에 잠에서 깨어났는지 블루베리의 붉은색 가지도 마디 끝마다 통통하게 부풀어 있다. 꽃몸살을 앓고 있는 것 같아 애처롭다. 겨울을 견디며 땅속의 유기물들을 가지 끝으로 뽑아 올리기 위해 얼마나 많은 애를 썼을까? 한겨울에 눈이 오면, 나무의 밑동 부분이 제일 먼저 녹는다. 살아있는 생명의 몸부림이 아니고서야 어찌 식물의 몸체 부분의 눈이 먼저 녹겠는가. 이른 봄에 노오란 꽃을 피워 우리를 즐겁게 하는 수선화도 몇 주 이상의 추운 날씨를 견뎌내는 과정을 거쳐야 꽃을 피운다고 한다. 작은 식물도 노력 없이 저절로 꽃을 피우는 것은 아닌 것 같다.

봄은 아프면서 오는 거라 했던가. 겨울의 끝자락이 보이기도 전부터 앓기 시작했다. 몸이 확실히 전과 같지 않았다. 옷을 여러 겹 입어도 한기가 느껴졌다. 한 번 시작된 기침은 잦아들 기미가 보이지 않았다. 무슨 수치가 높고 뭐가 안 좋으니 꾸준히 운동하라는 의사의 처방을 실천하기 위해 규칙적으로 산책을 시작했다. 이제 건강을 걱정해야 하는 나이가 되었구나 생각하니 우울하기까지 했다.

빗소리에 잠을 설치기도 여러 날이었다. 어느 날은 모처럼 좋은 날씨에 허겁지겁 길을 나섰는데, 순식간에 검은 구름이 몰려와 해를 가리더니 빗방울이 후두둑 떨어졌다. 갑작스런 작달비에 꼼짝없이 흠뻑 젖었다. 겨울비가 잦았던 탓에 호수 둘레길은 물웅덩이로 막힌 부분이 생겼다. 산책길 중간에 잠시 쉬면서 호수의 풍경을 내려다보던 전망대. 거기 가는 길도 물에 막혔다. 아쉽지만 왔던 길로 되돌아가야 했다. 호수에서 서식하는 물오리들만 좋은 시절을 만났는지 모여 있는 무리가 아주 많았다.

비가 너무 자주 내려 뜰을 살펴볼 엄두마저 나지 않았다. 어느 날, 비가 그친 틈을 타서 내다보니 앞마당에 수선화가 피기 시작했다. 뒷마당에 나가 보았더니 웬일인가! 쑥이 벌써 수북이 자랐다. 머위는 손바닥만 한 잎사귀들을 가득 펴고 꽃대를 올리고 있었다. 가을에 심었던 마늘은 어느새 한 자나 자랐다. 뜰에서 가장 일찍 꽃을 피우는 자두나무는 하얀 꽃잎을 떨어뜨리고 있다. 변덕스러운 날씨, 반갑지 않은 방문객처럼 찾아와 좀처럼 일어나지 않으려는 잔병들과 씨름하는 사이에 바깥세상은 그렇게 변화하고 있다.

모처럼 점심 약속이 있었다. 날씨 이야기를 하다가 일행 중에 누가 그런다. "올해는 봄이 그냥 쳐들어 왔어." 고개를 끄덕이며 웃다가, 같이 먹고 있는 여인네들이 대나무 소쿠리를 들고 양지바른 밭둑에서 나물을 캐는 상상을 했다. 햇살을 등에 업고 밭둑을 따라 나물을 캐며 집안 대소사며, 소소한 웃음거리를 나눈다. 달래며 냉이도 캐고 마른 풀섶에서 통통하게 자란 쑥을 찾으며 행복해한다. 저녁을 넉넉하게 해 줄 나물을 한 소쿠리씩 채울 때쯤이면 몸에 깃든 겹겹의 잔병들과 우중충한 기분이 봄바람에 실려 멀리 날아갈 것 같다.

집으로 돌아오는 길에 노란 개나리꽃이 흐드러지게 핀 것을 보았다. 우리 집 앞마당에도 연분홍 로드덴드론이 꽃망울을 터뜨리고 있었다. 정말로 봄이 왔구나! 아직도 겹겹이 겨울옷을 껴입고 있던 마음이 화들짝 깨어났다. 나는 무엇으로 이 봄에 장단을 맞추랴?

달팽이전戰

시애틀 지역에는 달팽이가 많다. 비도 자주 내리고, 숲이 우거져 먹을 것이 많아서인 모양이다. 껍질을 등에 지고 다니는 달팽이는 아주 귀여워서, 움직이는 모습을 오랫동안 관찰해도 지겹지 않다. 달팽이는 낙엽이 쌓인 곳이나, 돌틈 등 그늘이 지고 축축한 곳에서 숨어 있다가, 비가 내리는 날이나 밤이슬이 내리는 때에 가장 왕성하게 활동한다. 그런데 우리 집 주변에는 귀여운 집달팽이보다는 좀 징그러운 민달팽이가 많다. 종류도 여럿인 듯한데, 그중에서도 짙은 갈색에 울퉁불퉁한 등을 가진 것과 캐러멜처럼 옅은 밤색의 통통한 등을 가진 것이 가장 많다. 성체成體가 된 것들이 몸을 늘어뜨리면 엄지 손가락보다 더 굵고 크다.

가벼운 마음으로 나선 초저녁 산책길에 까만 민달팽이들이 풀섶에서 꾸역꾸역 기어 나오는 것을 보고 질겁을 할 때가 많다. 한꺼번에 까맣게 몰려 나오는 모습이 싸움터에 나오는 전사들 같다. 미끌미끌하고 끈끈한 점액질이 손에 닿는 느낌은 또 어떤가?

달팽이에 대한 생각이 나름 안 좋은 것은 내 취미와도 관련이 깊다. 텃밭 가꾸기는 즐거운 취미이지만 골칫거리가 많다. 숲이 가까운 곳에서는 토끼나 사슴이 몰려와 그 착한 얼굴로 채소를 몽땅 뜯어 먹고 가기도 한다. 진딧물이나 벌레 등 해충으로부터 식물들을 보호하는 일도 큰 일이다. 그중에서도 무서운 기세로 새싹들을 잘라 먹는 민달팽이가 가장 큰 골칫거리이다. 달팽이는 땅속에 들깨알 크기의 투명하고 동글동글한 알을 낳는다. 그래서 어떤 때는 한꺼번에 부화한 새끼들이 텃밭을 점령하기도 한다. 쫓아내려고 막대기를 들고 덤비면, 순식간에 몸을 사리고 땅콩알처럼 작아진다. 집어보면, 어린 무를 반으로 잘라놓은 것처럼 배를 하얗게 오그리고 죽은 체한다.

특히, 달팽이들은 어린 싹을 좋아한다. 상추는 부드러운 편이니까, 항상 잎 사이마다 한두 마리가 들어있다. 겨울철에는 시금치를 심어두면 달팽이를 위한 화려한 잔치가 되고 만다. 먹을 것이 없어서인지, 겨울 시금치가 달아서인지, 뜯어 먹기 좋아서인지 앙상한 잎줄기만 남아 있곤 한다.

"야, 이놈들아, 아무리 그래도 그렇지, 응? 내가 먹을 것도 좀 남겨

두어야 할 것 아니냐?"

그 녀석들이 알아들을 리가 없건만, 탄식이 절로 나온다. 이건 완전히 주객이 전도되었다. 달팽이도 먹고 살아야 한다는 엄연한 사실를 받아들여야 한다고 다짐해도 약이 오르는 것은 어쩔 수 없다. 시애틀 지역에서는 '시금치 길러 달팽이 주었다.'라고 새로운 격언을 만들어도 많은 공감을 얻을 것 같다. 죽 쑤어 개를 주면 집이라도 지킨다!

사정이 이렇기에, 텃밭을 가꾸는 친구들이 모이면 으레 하는 얘기가 어떻게 하면 달팽이로부터 식물을 보호하느냐에 대한 것이다. 달팽이는 굵은 소금을 뿌려두면 안 온다. 아니다. 달팽이는 맥주를 아주 좋아한다. 넓은 사발에 맥주를 담아 두면, 밤사이에 주변에 있는 달팽이들이 냄새를 맡고 몰려들어가 나오지 못한다. 그 아까운 맥주를? 화분에 구리선을 감아두면 달팽이가 구리선을 넘어오지 않는다. 화분은 괜찮은데, 넓은 텃밭은 어떻게 하나? 달팽이는 까칠한 곳을 지나가는 것을 싫어한다. 계란 껍질을 말려서 잘게 부순 다음 화단에 뿌려 놓으면 달팽이가 덜 온다. 뭐니 뭐니 해도 달팽이 섬멸제가 제일이다. '닿으면 죽는다. 오지 마라!' 아이들을 시켜 경고문을 붙이는 것도 잊지 말아야 한다. 이렇게 분분한 의견들이 쉴새없이 쏟아져 나온다.

해마다 오월이 되면 우리 집 텃밭에는 딸기가 한창이다. 달팽이는 잘 익은 딸기도 무척 좋아한다. 딸기향에 취한 달팽이들이 또 나보다 먼저 딸기를 먹으려고 눈독을 들인다. 하루하루 눈맞추며 잘 키운 딸기를 내일모레쯤이면 먹을 수 있겠지 하는데, 달팽이는 딸기의 잘 익은 쪽만 갉아 먹어 깊숙한 홈을 만들어 놓는다.

이렇게 늘 당하다보니, 달팽이에 대한 적의에 가득차게 된다. 그리고 달팽이들과 어떻게 싸워야 이길지에만 골몰하게 된다. 빛이 있으면 그림자가 있듯이 사람이나 사물에는 양면성이 있기 마련이다. 한쪽으로 치우치지 않고 균형있게 사물을 보는 눈을 갖게 되는 것을 추구해야 할 일이나 달팽이에 대해서만은 예외였다. 그런데, 얼마 전에 달팽이를 소재로 한 대한 참 좋은 시를 알게 되었다.

그의 문체는 반짝인다
은빛이다
또 한 계절 생을 건너가며
발바닥으로 쓴
단 한 줄의 정직한 문장
'나 여기 가고 있다'

김추인 시인이 쓴 〈달팽이의 말씀〉이라는 시다. 시처럼 달팽이는 한 치도 그냥 건너뛰지 않고, 꼼꼼하게 지나간 흔적을 남긴다. 내가 매번 매운 눈으로 흘겨 보았던 그 은빛의 흔적은 자기가 하는 일에 대한 준엄한 비평이 될 수 있다. 사람에게도 매순간 눈에 띄는 삶의 궤적이 남는다면, 누구나 최선을 다해서 정직하게 자신의 발자국을 남기려 할 것이기 때문이다. 이런 의미에서 달팽이는 우리에게 치열하게 살라는 교훈을 준다.

이제는 달팽이를 너무 미워하지 말아야겠다. 내 것을 지키려는 생각에만 골몰할 것이 아니라 적당하게 내주는 여유를 갖고, 달팽이들과 공존하는 방법을 찾아보려 한다. 그래서 달팽이를 통하여 생에 대한 아름다운 성찰을 할 수 있다면, 겨울에도 기꺼이 시금치를 길러 달팽이에게 내줄 것이다

텃밭 이야기

나비다. 하얀 나비다. 어떻게 알았을까? 노란 배추꽃이 바람에 흔들리고 있는 것을. 노란 배추 꽃잎을 더듬고 있는 나비의 날갯짓을 따라 숨을 죽인다. 한낮의 정적이 깊다.

"화단의 꽃들이 참 예뻐요."

누가 말을 건넸다. 뒤를 돌아보니 강아지를 데리고 산책하던 동네 아주머니였다. 나도 활짝 웃으며 고맙다고 대답했다. 인사말일지언정, 집 앞 화단에 흡족한 눈길을 주는 사람이 있다는 것이 기뻤다. 화단에는 진보라, 노랑, 하얀 팬지가 가장자리를 장식하고 있다. 그리고 튤립과 수선화가 바로 뒷줄에서 꽃을 피우고 있다.

가을에 심었던 갓과 케일꽃도 제법 노랗게 피었다. 겨울 동안 천천히 자라게 둔 것이었다. 날씨가 따뜻해지면 꽃대가 쑥 올라오고, 진한 엑기스만 모아서 만든 물감을 짜 놓은 것 같은 노란 꽃이 핀다. 화사한 노란 꽃 무더기는 겨우내 삭막했던 화단을 봄으로 가득 채우기에 부족함이 없다. 꽃을 보는 즐거움만이 아니라 갓잎을 따서 코끝을 찡하게 하는 매운 쌈을 싸먹는 맛도 일품이다. 이 꽃들이 피기 시작하면 내 몸에도 비로소 피돌기가 활발해지는 느낌이다.

우리 집 화단은 특징이 있다. 화초만 있는 것이 아니라, 보라색으로 피는 파꽃도 있고, 향기 좋은 박하도 있다. 바윗돌을 세워 만든 화단 한쪽 틈새로는 돌나물이 자란다. 새색시의 고운 연두색 저고리를 떠올리게 하는 돌나물은 초여름에 노란 꽃을 피운다. 여름철에는 장미 뒤로 감자꽃도 피고, 우산같이 잎이 넓은 토란도 자란다.

한 번은 손님을 초대했는데, 식탁에 놓인 꽃을 보고 무슨 꽃인지 물었다.

"우리가 먹는 채소에서 피는 꽃이에요. 알아맞혀 보세요!"

손님은 전혀 감을 못 잡았다. 우리가 먹고 있는 쑥갓의 꽃이라고 했더니 깜짝 놀랐다. 데이지꽃을 닮은 부드러운 파스텔 색조의 쑥갓꽃은 한여름 야외 식탁을 장식하기에 부족함이 없다.

늦여름에 하얗게 무리지어 송송이 피는 부추꽃은 앙증맞고 또 새침하기까지 하다. 꽃을 보려면 7~8월에는 부추를 베어 먹지 않고 그대로 자라게 해 주어야 꽃대가 올라온다. 한동안 부추꽃이 귀여움을 독차지하다가 어느덧 물릴 즈음이면 그 꽃자리에선 삼각형처럼 생긴 야무진 씨주머니가 생긴다.

이렇게 화단에서 꽃과 채소를 같이 기르는 취향은 시골에서 어린 시절을 보낸 데서 비롯되었다. 밭고랑에 흐드러지게 피어서, 산들바람에 노랗게 한들거리던 쑥갓꽃은 내 어린 시절의 기억을 풍성하게 해 준다. 풍선같이 부풀어 오른 주머니에서 하얀 꽃, 보라 꽃으로 피어나 대낮의 눈 부신 햇살 아래서 별처럼 빛나던 도라지꽃의 아름다움도 잊을 수 없다.

흙을 만지고 식물이 자라는 모습을 보면, 나는 어린 시절로 돌아간 것처럼 마음이 한없이 순수해지는 것을 느낀다. 텃밭에서 고향 들녘의 바람을 생각하고, 지게를 진 아버지의 뒷모습을 기억한다. 바구니를 이고 아버지의 뒤를 따르던 어머니의 모습이 생각난다. 예전에는 농사를 짓던 아버지의 검게 그을린 피부와 껍질이 벗겨진 어깨가 항상 고단하고 무겁게만 느껴졌다. 그런데 식물을 가꾸면서 마음이 달라졌다. 정성 들여 가꾼 식물들이 잘 자란 것을 보는 순간만큼은 아버지도 누구보다 행복했겠구나 생각한다. 농사짓는 일이 경제적으로는 결코 아버지를 풍족하게 해 주지는 않았을지라도 말이다. 그래서였을까? 이농이 심했던, 1970~80년대에도 아버지는 한사코 도시의 노동자가 되는 것을 거부하시고 평생을 농사꾼으로 지내셨다.

나도 별수 없이 농부의 딸이다. 아침잠이 많은 내가, 텃밭과 꽃밭을 가꾸는 계절이 되면 새벽에 일찍 일어난다. 일어나자마자 앞 뒤뜰의 식물들을 보러 나간다. 하룻밤 사이에 얼마나 자랐을까마는 그래도 식물 하나하나 꼼꼼히 눈길을 주며 아침을 맞는다. 침착한 아침 공기가 폐 깊숙이 스며드는 느낌이 좋다. 촉촉한 이슬은 내 마음을 차분하게 정화 시켜 주고, 머리는 더없이 맑아진다. 새로 심은 싹이 뾰족이 고개를 들고 인사할 때는 쪼그리고 앉아서 한없이 보고 있어도 질리지 않는다. 식물들을 둘러보며 하루를 계획한다든지 무슨 생각을 하는 것은 아니다. 아무 생각도 하지 않고 오롯하게 식물들만 쳐다보고 있는 나를 만난다. 명상의 시간이 따로 없다.

하루를 갈무리하는 저녁 어스름, 허전한 마음을 달래려 서성일 곳이 필요한 때에도 텃밭을 찾는다. 황금빛의 저녁놀이 키가 큰 전나무에 업혀 있다. 나무 밑동부터 점점 나무 꼭대기로 올라가는 석양을 보는 것은 쓸쓸하면서도 한없이 편안하다. 저녁놀은 찬란한 주황색에서 부드러운 분홍색으로, 다시 애수 깃든 보라색으로 바뀌었다가 검푸른 밤하늘을 열고 별빛을 불러온다.

저녁의 하늘색이 시시각각으로 변해 가는 모습을 보며 텃밭에 물을 준다. 선선한 공기를 즐기며 물소리를 듣는다. 물을 흠뻑 받아 마시는 화초랑 채소들이 기뻐서 춤을 추는 것처럼 흔들린다. 바쁘고 힘들었던 하루도 천천히 씻겨가는 느낌이 든다. 아이들에게 조급하게 굴었던 일, 다른 사람에게 친절하지 못했던 일들을 되돌아 본다. 일상의 잡다한 일들로 삭막했던 마음이 어느새 한결 여유로워지는 것을 느낀다. 그리고 텃밭에 핀 꽃을 보며 즐거워하는 이웃 사람들을 떠올리며 미소를 지어 본다. 이런 위안 때문인지 오늘도 기도하는 아이처럼, 맨 먼저 텃밭과 인사한다.

솔아 솔아

얼마 전, 소나무 한 그루 베는 허가를 받으러 벨뷰 시청에 갔었다.

"그럼, 허가 비용이 얼마나 들까요?"

"기본 허가비가 227불인데, 상담원과 면담하고 그러면 350불 정도가 예상되네요."

허걱! 허가 신청서를 제출하는 걸 포기하고 그냥 돌아왔다. 골목과 우리 집 담장 사이에는 전깃줄이 지나간다. 전깃줄이 지나가는 아래의 땅은 우리가 관리를 하지만 나무를 벤다든가 하려면 시의 허가를 받아야 한다. 그런데 나무를 베는 비용을 제외하고도 허가비가 이렇게 든다는 것이다. 나무를 베는 일로 두 번씩이나 시청에 들렀다가 툴툴거리며 또 그냥 돌아온 것은 그 정도의 돈을 지불해가며 집앞의 골칫덩이를 없앨 결심이 아직 서지 않았기 때문이다.

소나무는 우리 조상들의 생활과 밀접한 관련이 있다. 소나무는 바라보는 대상이기도 했지만 사람들에게 긴요한 먹을거리도 제공했다. 송홧가루로는 다식이나 떡을 해 먹고, 솔잎으로는 송편도 찌고, 춘궁기 때는 사람들이 솔껍질을 벗겨 먹기도 했다. 버섯 중에서도 초가을 송이버섯은 최고로 친다. 소나무는 가을이면 무수히 잎을 떨어뜨린다. 우리 농촌에서는 떨어져 쌓인 솔잎을 가리라고 했다. 갈퀴로 긁어 모은 가리는 훌륭한 땔감이 되어 주었다. 불을 때면 다른 낙엽처럼 포르르 타지 않고 뭉글고 단단한 불길을 올려 밥을 짓기에 좋았다. 소나무의 삭정이도 추운 겨울 온돌을 데워주는 좋은 연료가 되었다. 이렇듯 소나무는 한국인의 생활에 깊숙이 관여되어 왔다.

소나무가 한국인에게 주는 특별한 정서도 있다. 추사의 〈세한도〉를 비롯하여, 절개와 기품의 상징으로서 〈애국가〉에도 남산 위의 저 소나무는 불변함의 상징으로 등장한다. 내가 학창 시절에 제일 좋아한 노래는 '저 들에 푸르른 솔잎을 보라'로 시작하는 〈상록수〉였다. 소나무는 돌보는 사람 하나 없어도 꿋꿋하게 자라 홀로 푸른 나무였다. 소나무를 좋아하고 또 그 성품을 닮고 싶어 하는 사람은 자신의 호나 아이들의 이름에 솔을 넣어 짓기도 한다. 소나무는 한국의 대표적인 식물이라 해도 과언이 아니다.

학교에 다니는 아이를 태우고 매일 지나다니던 골목에는 눈길을 사로잡는 집이 있었다. 그 집 앞에는 한 폭의 동양화에서 막 나온 듯한 소나무 세 그루가 서 있다. 가지는 우아하게 정돈되어 있고, 나무들의 품새는 고고하기까지 하다. 나는 그 집 앞을 지날 때마다, 저 소나무처럼 틀림없이 단아하고 멋있을 집 주인의 인품을 상상하곤 했다.

우리가 마당이 넓은 오래된 집을 샀을 때, 우리 집 앞에도 소나무가 한 그루 자라고 있었다. 그때는 집 앞의 소나무가 정답게 느껴졌다. 사람들에게 집의 위치를 알려줘야 할 때에도 집 앞에 소나무가 있는 집이라고 꼭꼭 일러 주곤 했다. 그런데, 우리 집 소나무는 집주인의 세련되지 못한 성품을 닮았는지 다른 집의 동양화 같은 소나무와는 너무나 딴판이었다.

우리 집 앞의 소나무도 처음에는 나의 사랑을 받았다. 많은 새들이 놀러와 쉼 없이 재재거리고, 길 건너의 이웃과의 사이에도 적당히 가림막을 해 주었다. 그런데, 몇 년 사이 이 녀석이 주인의 사랑을 믿고 겁이 없어졌다. 막무가내처럼 철없이 여기저기 가지를 마구 벌리고 주변을 삼키기 시작했다. 그렇게 덩치가 클 놈이 하필이면 전깃줄 아래, 골목과 우리 집 울타리 사이 그 좁은 곳에 자리를 잡았나 모르겠다. 애처로운 마음이 들었다. 그런데, 애지중지 가꾸는 장미꽃 위에도 척척 가지를 뻗어 내더니, 고운 배꽃 위에도 짙은 그늘을 뻗쳤다. 경고하는 의미로 가지를 조금 잘라주었는데도 더욱 거침이 없었다.

사람들이 칭송하는, 겉으로 드러난 소나무의 성품과는 달리, 이 녀석은 곧이곧대로 소나무의 고약한 면모도 골고루 보여주기 시작했다. 소나무 아래에는 무엇을 심어도 곧 말라 죽었다. 연분홍 꽃이 피는 철쭉도 몇 그루 심었더니, 한 철이 못 가 죽었다. 다음에는 생명력이 강하다는 고사리과 식물을 심었는데도 또 얼마 살지를 못했다. 제 발 아래는 아무것도 거두려 하지 않았다. 그러면서도 자신의 솔방울과 잎을 떨어뜨릴 영역만 자꾸 늘려갔다. 제 안에 다른 식물 하나 품어주지 못하는 이 소나무의 독선에 나도 질리기 시작했다.

위로는 전선에 닿으려 하고, 옆으로는 좁다고 이 지경이길래, 가지를 좀 잘랐더니 다른 나무들과는 달리 잔가지들도 내지 않아 몰골이 말이 아니게 되었다. 결국 소나무를 베야겠다고 결심했다. 가지의 중간중간을 잘린 모습이 꼭 팔다리를 잘린 것 같아 가엾은 그 꼴을 더 이상 볼 자신이 없었기 때문이었다.

그런데, 시청에서 허가까지 받아야 하고 그런 비싼 비용까지 지불하라니! 또 전선 10피트 아래에는 안전 문제 때문에 우리가 가지치기를 할 수 없다는 것도 알았다. 이제 우리 집 소나무는 미운털이 더 단단히 박혔다. 나무는 베지 않더라도 더 자라지 않게 하기 위해 나무의 윗부분 손질이 필요했다. 퓨젯사운드 전력에 연락을 했더니 직원이 나왔다. 직원은 찌이익 높이 올라가는 바구니차를 가지고 와서 나무 윗부분을 성큼성큼 잘라 내었다.

때마침 바람이 불어서인지는 모르지만, 소나무가 온몸을 흔들어 대며 마구 떨고 있는 것을 보고 말았다. 저 나무가 살 수 있을까? 누가 지나가는 말로 소나무는 나무 끝을 자르면 죽는다고 했다. 요동치는 소나무 가지에 내 마음도 심란하게 움직였다. 좋다고 할 때는 언제고, 좀 마음에 안 든다고 베어 버리려 하는 것은 진정 얄팍한 정리가 아닌가? 밉기만 했던 골칫덩이의 안위가 이제는 견딜 수 없이 걱정되기 시작했다.

그런데 며칠 전이었다. 햇볕이 아주 좋은 날, 정원을 손질하고 있는데 콩 볶는 소리도 아닌데, 따닥따닥 소리가 쉬지 않고 들렸다. 하던 일을 멈추고 소리의 근원을 챙겨 보았다.

"따악 딱 따다닥 따다닥"

그것은 좋은 날씨에 솔방울이 벌어지는 소리였다. 겨우내 잠잠히 있던 솔방울들이 좋은 햇살을 만나 이때다 하고 일제히 제 씨앗들을 땅에 떨어뜨릴 준비를 하는 것이다. 못된 소나무가 솔방울만 많다는 말이 있다. 열악한 환경에 처한 생물일수록 수명을 다하기 전에 많은 후손을 퍼뜨리려는 본성이 있기 때문이라고 한다. 우리 집 소나무도 제가 처한 척박한 운명을 아는지 솔방울만 지독히도 많이 매달고 있었다. 아서라, 이 불쌍한 것아!

가을이다

가을은 아이들의 바짓단으로부터 온다. 비발디의 〈가을〉 선율에 맞추어 포근한 감촉의 긴 옷들이 가볍고 경쾌한 여름옷과 자리바꿈을 한다.

'어, 옷이 왜 이렇게 작아졌지? 빨래를 잘못했나?'

빨래를 잘못했을 리는 없다. 봄에서 여름으로 시간이 지나갔을 뿐이다.

가을은 코끝에서 온다. 차분하고 맑은 공기는 냄새를 잘 분별하게 한다. 상가에 전시된 국화꽃에서 나는 향기가 멀리까지 손님을 마중 나온다. 어린 시절의 아련한 추억까지 불러오는 국화꽃을 들여다본다. 깊은 숨을 들이켜 향기를 몸속까지 저장해 보려 한다. 잘

볶은 원두커피 진열대도 저절로 발걸음을 멈추게 한다. 한 잔의 커피 향으로도 집 안을 가득 채우는 상상을 한다. 커피 향은 가을을 더욱 깊게 할 것이다.

가을은 잘 마른 나뭇잎에서 나는 향기처럼 절제미가 있다. 넘치는 수분을 절제하고 자신에게 꼭 필요한 분량만 가지고도 좋은 향을 낸다. 햇살을 가득 품은 황금빛 모과로 차를 담고, 카모밀꽃과 국화꽃을 말려 차를 만들기도 한다. 비타민이 많은 레몬차를 만드는 것도 빼놓을 수 없다. 겨울에 올 손님을 대접하고 벽난로 앞에서 책을 읽을 때 마실 양식糧食이기도 하다.

가을의 정취를 더 느끼기 위해 올가을에도 근교의 농장에 다녀오는 즐거움을 누리고 싶다. 캐스케이드산맥 너머 농산물을 직판하는 야키마에 간다. 사막 같은 지형에 강을 따라 포플러 나뭇잎이 노랗게 팔랑인다. 강가에 서서 플라이 피싱을 하며 햇살을 즐기는 사람들의 모습도 여유롭다. 멀리서도 사과 향이 바람에 실려 온다. 가지마다 주렁주렁 붉은 사과를 달고 있는 과수원에 다다르면 아이들은 신이 난 강아지처럼 차에서 뛰어내린다. 과수원집 마당에는 잘 익은 호두알이 뒹굴고, 막 따 담은 싱싱한 사과에는 단물이 가득하다. 사과를 대여섯 상자나 산다.

길거리의 농산물 판매대에선 붉은 고추도 사고, 할로윈에 쓸 등을 만들 커다란 호박을 사기도 한다. 아이들은 밀짚 단을 쌓아 만든 미로를 뛰어다니며 사진을 찍느라 분주하다. 돌아오는 길에는 와이

너리에 들러 포도밭에서 직접 생산한 포도주를 몇 병 사 오기도 한다. 집에 돌아오면 감사할 사람들에게 사과를 배달한다. 가게에서 파는 사과처럼 반짝반짝 빛나지는 않는다. 왁스 칠을 하지 않은 다소 투박해 보이는 사과지만 그 싱싱한 맛을 가을마다 기억하게 된다.

가을은 주황색이 즐거운 계절이다. 가을 햇살은 주황색 꽈리 열매 속에 먼저 듬뿍 스며들었다. 주황색 꽈리 나무, 가게의 마당에 그득히 쌓여 있는 주황색 호박들이 장식용 허수아비의 귀여운 호위를 받고 있다. 평소에 주황색은 도드라진 색감으로 인해 다른 색과 조화를 이루기 어렵다. 그러나 가을은 주황색이 있어 생기가 넘친다. 가을은 이렇게 개성이 강한 주황색도 모나지 않고 주위의 것들과 잘 어울리게 한다.

나는 평소에 주황색 옷을 즐겨 입는다. 이 흔치 않은 취향에 자신이 다른 사람들과 잘 어울리지 못하는 주황색 같은 사람이 아닐까 고민해 보기도 했다. 그러나 가을엔 걱정이 없다. 까만 피부색 때문인지 주황색 옷을 입을 때마다 잘 어울린다는 말을 듣는다. 오히려 시류에 실려서 자신의 색을 없애려고 했던 것을 반성하게 된다. 모든 것에는 다 때가 있다는 것을 알지 못하고 왜 동동거렸을까?

가을의 식물들을 보면 몸에 있는 거추장스러운 것들을 버리는 계절이다. 열매는 세상의 생명들에게 유용한 식량이 되고, 활기 넘쳤던 잎들은 세상의 거름이 될 준비를 한다. 우리에게도 해마다 나무와 같은 시간이 왔으면 좋겠다. 악착같이 붙잡고 있는 것을 내려놓고 나면 누릴 수 있는 자유를 생각해 보는 시간. 무거웠던 마음의 짐을 저 나무처럼 내려놓는다면 가을엔 마음의 나이테도 한 켜 더 자랄 것이다.

가을은 달빛도 빛나게 닦아 놓는다. 마루에 가득 들어온 달빛을 두고 잠을 청하기는 더욱 어렵다. 잠 못 드는 나를 위로하려는지 달빛은 정다운 친구처럼 방안에 들어온다. 늦은 밤에 차를 마시는 벗이 되어 주기도 하고, 그리운 벗들도 생각나게 한다. 가을은 소중한 벗이 누구인지를 저절로 알게 한다. 달 밝은 밤이면 옛 선비처럼 친구들을 부르고 싶다. 방에 촛불을 켜고 국화꽃의 그림자를 벽에 비춰 감상하며 낮에 사온 포도주라도 한 잔 들고 싶다.

아, 가을이다.

가을에 심은 씨앗

가을이 깊어지니 바람에도 색깔이 입혀지는 듯하다. 바람은 단풍색을 한겹한겹 껴입고 조금씩 두터워진다. 유난히 고왔던 단풍잎이 몇 장 남아 있지 않다. 거리에는 낙엽을 쓸어 모으는 기계음이 웽웽 요란하다. 우기가 오기 전에 빗물길이 막히지 않도록 부지런히 낙엽을 청소하는 것이리라. 또 한 해가 이렇게 깊어간다. 하지만 올가을은 쓸쓸하지 않다.

몇 주 전에 화단에 심을 튤립 알뿌리를 사러 갔다가 원예사에게 가을의 정원관리에 대해 이것저것 물어보았다. 튼튼한 나무를 원한다면 겨울이 오기 전에 꼭 비료를 주어야 한다고 알려준다. 꽃이 진 장미 줄기를 잘라주고, 과일나무를 적당하게 가지치기를 하는 것도 가을에 해야 할 일이다. 낙엽을 긁어모아 퇴비가 되게 하고 달팽이의 번식을 막는다. 특히, 원하는 과실수가 있으면 가을에 심어 겨울 동안 뿌리를 내리게 하는 것도 좋다고 한다.

가게에 다녀온 뒤로 나름 바쁘게 지냈다. 여름내 무성했던 토마토 줄기를 걷어내고 고춧대도 뽑아내었다. 진한 흙냄새와 함께 탐스러운 지렁이가 나왔다. 흙을 골라 퇴비를 넣고 겨울에도 잘 자라는 배추와 갓을 심었다. 종자로 보관한 육쪽마늘도 줄을 맞추어 정성스레 심었다.

화단에는 튤립, 수선화, 히아신스도 심었다. 다른 꽃들이 결실을 보는 계절인 가을에 구근을 심어 두어야 봄에 화사한 꽃을 볼 수 있다. 올망졸망 밤톨같이 작은 그 알뿌리들이 겨울 동안 땅속에서 긴 어둠과 추위를 견디고 마침내 고개를 쑥 내밀고 꽃을 피워낼 것이다. 봄을 여는 그 꽃들을 생각하면 그냥 예쁘기만 한 것이 아니라 참으로 대견하다.

긴 겨울을 겪고 나서야 제대로 꽃을 피우고 결실을 맺는 것은 이런 꽃들뿐이 아니다. 보리와 밀도 그렇다. 차가운 북풍과 눈보라 아래 낮게 엎드려 조금씩 제 싹을 키운다. 예전의 농부들은 알고 있었다. 가을걷이가 끝났다고 해서 마냥 수확의 기쁨에 차 있기보다는 오는 봄을 준비해야 한다는 것을 말이다. 어렵던 시절, 사람들은 한겨울 눈 속에서 씩씩하게 자라는 밀과 보리를 보며 겨울을 인내하는 법을 배우고 봄이 올 것을 잊지 않았을 게다.

가을은 우리 마음에 믿음의 씨앗을 뿌리기에도 적합한 계절이다. 모든 것이 풍성하여 부족함이 없을 것 같을 때에도, 빈 가지만 있어 쓸쓸하고 한기가 느껴지는 계절에도 추위를 딛고 자라는 씨를 골라 마음 밭을 일구어야 한다. 씨를 뿌린 사람은 한겨울이 되어도 든든하다. 한 줌 비치는 햇살이 다른 사람보다 몇 배는 더 반갑고, 고마울 것이다.

아침에 보니 갓이 제법 손바닥만큼이나 자랐다. 싱싱한 보랏빛깔이 나를 기쁘게 한다. 마늘도 뾰족뾰족 제법 잎이 펴졌다. 가을에 심은 마늘은 5월쯤에 마늘종도 먹을 수 있고, 생마늘의 향기도 좋다. 여름이 오기 전에 수확의 기쁨을 누릴 수도 있다. 그뿐만 아니라 겨울에 창밖을 내다볼 때, 저기 빈 밭에 갓이랑 마늘이 제 온 힘을 다해 생명을 키우고 있구나 생각하면, 그 역동적인 생명력이 보는 사람의 마음에 전해질 것 같다.

집에 화단이 없더라도 화분에 알뿌리 하나를 숨겨두고 긴 겨울을 맞을 채비를 하는 것도 나쁘지 않을 것 같다. 봄이 어디쯤 오는지도 모르게 지친 어느 날, 그 녀석이 화사한 얼굴로 깜짝 선물을 줄 것이다. 한 해가 또 간다고 나이 드는 것만 서운해하기엔 시간이 너무 아깝다. 가을이나 겨울이나 모두 소중한 생명의 계절이다.

바람 소리

잠에서 깨었다. 바람 소리가 거세다. 다시 잠을 청하려 눈을 감아 보나, 바람 소리는 더욱 또렷하게 들린다. 몇 시나 되었을까? 북두칠성 아래 밤 공기는 차디차고, 마당에 내린 서리가 외등의 불빛에 반짝이는 시간이다. 하나 밖에서는 바람이 한판 놀아보세, 하는 모양이다.

쏴아아~ 사력을 다해 백 미터를 질주하는 바람이다. 골목길을 샅샅이 쓸고 가는 소리다. 휘이익~. 끝을 둥그렇게 감아올리는 바람 소리가 이어진다. 질주하던 선수가 온 힘을 다해 원반을 던지는가 싶다. 무슨 일이 생기기라도 한 걸까? 응원하는 바람들이 웅웅거리는가 싶더니, 또 큰 바람이 달려오는지 차임 소리가 땡땡 조급하기만 하다. 결전을 앞두고 마주 선 장수들 앞에 깃발이 일제히 나부끼는 소리이다.

바람에 날아갈 만한 물건이 밖에 있는지, 정전되면 어쩌나 걱정이 되는데 어둠 속에서 바람 소리는 더욱 거세다. 집채만 한 파도를 말아 올릴 법한 바람 소리다. 그 위를 올라타는 또 다른 바람 소리, 황룡과 청룡이 운우지락雲雨之樂이라도 나누는 걸까? 바람 소리와 더불어 차임 소리가 요란하다.

클라이맥스에서 내려온 바람은 뒷마당의 높은 전나무 가지를 비비고 간다. 바람은 나무들의 잔가지들의 속내를 다 헤집어 보고도 성에 안 차는지, 내쳐 북두칠성을 향해 내달리는가 싶더니, 펄럭펄럭 긴 옥양목 천을 펄럭이며 살풀이라도 하는 것일까? 다소곳해진 바람의 꼬리는 소짓장을 사르는 불꽃처럼 허공으로 사라진다.

예전에 살던 집 뒤에 운동장 같은 대숲이 있었다. 겨울밤 부엉이가 홀로 앉아 우는 소나무 한 그루가 거기에 있었다. 부엉부엉. 적막을 가르는 소리가 잠잠해질 즈음이면, 대숲에 바람이 일기 시작했다. 바람은 마치 파도처럼 쏴아아 쏴아아, 밀려왔다 밀려가곤 했다. 그 대숲에서 들려오는 바람 소리는 누군가 차가운 달빛에 앉아 부르는 쓸쓸하고도 슬픈 노래 같았다.

윤동주의 서시를 암송하던 그 밤에도 바람 소리가 들렸다. "오늘 밤에도 별이 바람에 스치운다." 로 끝나는 서시에서의 바람은 현실의 시련 혹은 고난, 사람을 괴롭게 하는 것이라고 배웠다. 하지만 내게 바람의 느낌은 좀 다르게 전해졌던 것 같다. 바람은 오히려 부끄러움을 자각하게 하는 그 어떤 것이 아닐까 하는 상상을 했었다.

바람은 대기의 온도 차이로 생기는 자연 현상이다. 살랑살랑 빨래를 잘 말리는 남실바람이 있고, 산마루에서 땀을 식혀 주는 골바람도 있다. 산바람, 바닷바람도 있다. 그러나 우리 가슴에 바람이 불 때, 바람은 그냥 대기의 흐름이 아니다. 사람들에게 즐거움을 주는 것은 신바람이다. 순풍과 훈풍이 부는 날들이 있는가 하면, 역풍이 부는 날도 있고, 태풍이 불어 세상을 한바탕 뒤집어 놓고 가는 날도 있다. 바람은 배를 띄우게도 하고, 거센 파도를 일으켜 배를 뒤집기도 한다. 바람이 났다, 바람이 들었다, 바람을 피운다고 하면 그 바람은 얄궂은 바람이다. 늦바람이 무섭다는 말도 한다. 바람이 우리 인생을 조롱하는 것 같기도 하다.

쏴아아, 휘이익, 또다시 바람 소리가 몰려온다. 바람이 지나간 자리에는 튼실하지 못한 가지들이 부러져 땅바닥에 뒹굴 것이고, 물을 더는 빨아올리지 못한 썩은 밑동은 꺾여져 드러누울 것이다. 내 마음 구석에 웅크리고 있는 건강하지 못한 생각, 진실하지 못했던 과거들도 이 바람이 모두 쓸어간다면 얼마나 좋을까?

어둠 속에서 눈을 감고 바람 소리를 듣고 있자니, 불현듯 바람이 나에게 무슨 말을 하려는 것이 아닐까 하는 생각이 든다. 바람은 온밤 사력을 다해 나를 깨워 애타게 신호를 보내는데, 그 말을 알아듣지 못한다면? 나는 천하에 귀머거리에다 청맹과니가 아닌가.

아아! 바람이 분다.

낚였다

오징어가 그렇게 잘 잡힌다는 말에 솔깃했다. 산과 호수, 바다가 어우러진 시애틀에 사는 재미가 하나 더 늘어날 성싶었다. 철 따라 조개도 캐고 굴도 따러 가 보았지만, 오징어 낚시 얘기는 처음이었다. 큰애가 먼저 엄마를 위해 낚시에 같이 가 주겠다고 하니 중학생인 둘째도 흔쾌히 좋다고 했다. 남편은 오징어가 풍년이라는 지역 신문기사까지 찾아 주었다. 주말, 특별한 계획이 없던 차에 오징어 잡이를 가기로 온 가족이 모처럼 의기투합했다.

날이 어두워지기를 기다렸다가, 들통 가득 오징어를 잡는 상상을 하며, 곡물 터미널 근처의 낚시터로 갔다. 부두에는 낚시꾼들을 위해 만든 다리 같은 긴 난간이 있었다. 몇몇 사람들이 눈부신 조명등까지 밝히고, 낚싯줄을 드리우고 있었다. 조명등 근처에 가보니 대여섯 사람이 에스키모 같은 방한복을 입고 대화도 없이 낚싯대를 드리우고 있었다. 우리도 근처에 자리를 잡았다.

"오징어 온다!" 누군가 한국어로 외쳤다. 그리고는 모두 말없이 오징어를 계속 낚아 올렸다. 우리도 남들처럼 계속 낚싯줄을 던져 보았지만, 오징어가 한 마리도 안 걸렸다. 두어 시간이 흘러도 아무것도 낚지 못했다. 밤 아홉 시가 좀 지났을 때, 옆 사람들은 벌써 규정된 십 파운드를 채웠는지 가자고 하더니 조명을 껐다. 낚싯대를 거두어, 바늘을 스펀지로 감쌌다. 꽃처럼 동그란 낚싯바늘이 우리 것과 달랐다. 낚싯바늘만 바꾸면 될 듯했다. 그날은 아무것도 낚지 못했지만, 바닷물 냄새가 좋았고 시애틀항의 불빛이 참 아름다웠다.

다음 날, 신문 기사에서 읽었던 다운타운의 낚시점에 갔다. 바닷가에서 오랫동안 비바람과 파도를 이겨낸 것처럼 페인트칠이 벗겨진 가게의 외관이 한국의 장터에 있는 철물점 같았다. 삼대째 가게를 지켜왔다는 주인의 구수한 입담에 야광 찌와 낚싯바늘을 몇 개 샀다. 오징어를 규정보다 2파운드 더 잡은 어떤 사람이 벌금을 천 불이나 물었다며 들통도 각자 준비하라고 귀뜸한다. 〈다있소〉 가게에 가서 식구 수대로 들통도 샀다.

모처럼 무언가 새로운 것을 시도하며 온 가족의 마음이 설렌 것이 얼마 만인가. 같은 집에 있어도 각자 방에서 따로 저녁을 보낸다. 우리는 색깔이 다른 예쁜 들통을 하나씩 흔들며 두 번째 낚시에 나섰다. 교우가 오징어를 많이 잡았다는 시애틀의 명물, 그레이트 휠(Great Wheel) 근처로 장소를 바꾸었다. 대낮처럼 환한 대관람차의 불빛이 수면에 어리어 마음을 설레게 했다. 그 불빛에 오징어들도 부둣가로 몰려오는가 보다. 지나가는 젊은 연인들이 사진을 부탁했다.

초저녁인데 이미 많은 사람이 낚싯대를 드리고 있었다. 큰애가 드디어 오징어를 한 마리 잡았다. “내 생에 처음 잡은 오징어야.” 목소리에 기쁨이 넘쳤다. 첫 손맛을 본 큰애의 낚싯대는 그 후로는 계속 잠잠했다. “잡았다!” 드디어 남편의 낚싯내가 응답했다. 그러나 그것으로 끝이었다. 주변에선 쉴 새 없이 오징어를 낚아 올렸다. 옆에 있던 키 작은 아주머니는 키보다 훨씬 큰 낚싯대를 능수능란하게 조작하며 거의 30초에 한 마리씩은 잡는 것 같았다. 들통을 아예 철책 바깥으로 묶어 놓고 오징어를 낚아대는 것이었다.

낚시를 시작한 지 두어 시간이 지나자 낚싯줄이 엉킬까 걱정스러울 만큼 낚시꾼들이 빼곡하게 몰려들었다. 아무런 재미를 못 본 둘째는 이내 지루해 하기 시작했다. 주변에선 담배 냄새도 났다. 그쯤에서 우리는 베트남, 스페인, 한국, 중국 등 각국의 언어가 출렁이는 인터네셔널한 오징어 낚시터에서 슬며시 퇴각하기로 했다.

실망한 마음과 낚시도구를 차에 넣어 두고, 생선 튀김과 차우더로 이름난 가게에서 클램차우더를 먹으며 몸을 녹였다. 그리고 아이들이 여태 타보지 못한 대관람차(Great Wheel)를 태워 주기로 했다.

아이들이 불빛이 휘황한 관람차에 올라 시애틀항을 내려다보는 동안, 남편과 나는 손을 잡고 주변을 걸었다. 어딘가로 떠나는 여객선, 물에 일렁이는 불빛, 빌딩 숲에서 쏟아지는 불빛, 시애틀의 야경이다. 밤바다와 어우러져 예쁘지 않은 불빛이 없었다.

집에 돌아오자, 남편과 큰애는 각자 잡은 오징어를 들여다보며 무늬와 크기에 대해 갑론을박했다. 말이 오징어이지 손바닥 길이만 한 것이 한치인 것 같았다. 그것으로 무얼 할까? 파전으로 결론이 났다. 같이 어딜 가기 싫어하는 사춘기 아이들과 함께 한 시간이 작은 파전 석 장으로 태어났다.

겨우 두 마리, 우리가 오징어를 낚은 것이 아니라 오징어에게 우리가 낚인 것 같다. 나쁘지는 않았다. 비록 오징어를 잡지 못했지만, 가족이 함께 한 시간이 낚였으니 말이다.

소확행

우리 집 뒤뜰엔 사계四鷄가 평화롭게 노닐고 있다. 자칫 삼계탕이 될 뻔한 닭들을 우리 집에 데려온 것은 아무래도 우리 복이었다. 닭을 키워볼까 하던 참이었다. 옆집도 몇 년째 닭을 기르고 있어 용기가 났다. "닭들이 곧 알을 낳기 시작할 만큼 컸습니다. 처녀 닭이에요." 키워 준 공으로 삼계탕용 닭을 드리고 귀염둥이들을 데려오게 되었다.

닭들이 뒤뜰에 오자 작은 변화가 일어났다. 방에만 있던 십대 아이들이 마당에 나가기 시작했다. 닭이 모래 목욕하는 것을 관찰하기도 하고, 먹이도 주면서 어울려 놀았다. 그래서 사과나무 그늘에 평상을 만들었다. 해먹도 달았다. 가족들이 평상에서 점심을 먹으며 닭들을 보기도 하고, 해먹에 누워 책을 읽는 모습이 보기 좋았다.

닭들도 곧 이름을 갖게 되었다. 봄, 여름, 가을, 겨울-민들레다. 둘째가 네 마리이니까 봄, 여름, 가을, 겨울로 하자고 했다. 물을 잘 마셔서 여름이, 순둥이 봄이, 대장 가을이, 마지막 한 마리의 이름이 문제였다. 큰애는 민들레를 잘 먹으니까 민들레로 하자고 하고, 둘째는 사계절에 맞추고 싶어 했다. 그래서 중재한 이름이 겨울-민들레가 되었다.

"닭들을 먼저 볼까, 아이들을 먼저 볼까?" 직장에 다녀온 남편은 곧장 뒤뜰로 나가 닭들과 논다. 상춧잎을 들고 있으면 닭들이 달려와 뜀뛰기 경쟁을 한다. 작은 샴페인 포도를 던져 주면 그걸 먹으려고 달리기 시합을 한다. 아이들 과자는 안 사 줘도, 닭들에게 주려고 여치를 사 오기도 한다. 남편에게서 천진한 어린아이의 모습이 보인다.

뉴저지에 사는 친구에게 닭 사진을 보내 줬더니 생긴 모습이 다 다르다고 신기해했다.

"얘들이 다 출신지가 달라. 봄이랑 가을이는 조상이 중국에서 왔고, 여름이는 남미 페루 종이래, 겨울-민들레는 미국 토종이고."

"미국이라 닭들도 출신지가 인터네셔널한가 보네."

닭이 조금 더 자라자 사과나무에 두른 울타리가 더는 소용이 없어졌다. 닭들이 날아서 울타리 너머로 진출했다. 결국은 울타리를 걷어내었고 뒷마당 전체가 닭들의 놀이터가 되었다.

가을에 접어들면서 닭들이 하나둘 알을 낳기 시작했다. 끙끙 앓으며 알을 낳는 수고를 안쓰럽게 지켜보게 되었다. 아직 따뜻한 달걀을 손에 쥐며 우리가 먹는 알 하나에 담긴 자연의 정성을 알게 되었다. 키워 보니 닭들은 학습을 잘 하고 꽤 영리한 동물이다. 소리도 잘 듣고 눈도 아주 밝다. 닭들이 기분 좋을 때 내는 소리, 겁먹을 때 내는 소리와 배고플 때 내는 소리도 이해하게 되었다.

일하다가 가끔 눈도 쉴 겸 뒷마당을 내다본다. 닭들은 마당 저쪽 끝에서 땅을 헤집고 놀다가도 내 모습이 창가에 어리기만 해도 머리를 쭉 내밀고 전력을 다해 달려온다. 닭들에게 나는 무엇일까? 그 모습을 보면 꼭 무언가를 줘야 할 것 같은 부채감을 느낀다. 닭들을 훈련시키는 것은 고사하고 닭들이 나를 훈련시키고 있지 않나 싶다.

요즘 소확행小確幸이란 말이 유행이다. 작지만 확실한 행복. 일본 작가 무라카미 하루키의 수필집에서 유래한 말이라고 하는데 이 말에 공감하는 사람이 많다고 한다. 크고 원대한 목표를 위해 일상을 희생하지 말고, 평범한 일상이 주는 소소한 행복의 가치를 발견하고 실천하자는 면에서 호소력이 있는 것 같다.

예전에 문병이나 문상 간 어른들에게서 자주 들었던 말이 있다. 그리 고생하다가 이제 살 만하니 이리 되었다. 많은 사람이 부와 성공을 향해 쉼 없이 스스로를 다그치면서 미래를 담보로 현재를 누리지 못한다. 나에게도 빽빽하게 할 일들만 적힌 수첩, 늘 바쁘지 않으면 뭔가 불안했던 때가 있었다. 요즘은 '너무 노력하지 말아요'

나 '각자의 리듬으로 살자'는 말이 가슴에 와 닿는다. 소확행은 그 목표가 달성되면 큰 행복이 오리라는 믿음 때문에 지금 자신이 누릴 수 있는 행복을 놓치지 말자는 것이다.

우리에게 닭을 준 집에서는 우리에게 준 것이 닭이 아니라 행복이라고 말한다. 행복은 강도强度가 아니라 빈도頻度가 중요하다고 한다. 작지만 확실하게 자신의 기분을 좋게 해 주는 것, 닭들에 대해 배우고 함께 놀면서 깨달았다. 소소한 일상을 즐길 줄 아는 여유, 그리고 행복하다고 느끼는 것도 습관이다. 마당에 닭을 보러 나간다. 닭들이 내 뒤를 졸졸 따라다닌다. 오후의 햇빛이 수선화 꽃봉오리에 내려앉는다.

다시 불을 지피며

타닥타닥, 드디어 불길이 타오른다. 벽난로의 문을 닫고 흡족한 마음으로 한 무릎 물러선다. 며칠째 겨울비가 내리고 있다. 이 구질구질한 날씨를 감히 어찌해 볼 요량으로 시작한 일이 벽난로에 불을 때는 일이다. 너무 성급하게 불을 피우려 덤벼들다간 집안에 매운 내만 가득 채우기 쉽다. 한 번 시도로 불이 지펴진 날은 기분이 좋다.

벽난로에 불을 때는 날엔 각 방에 뿔뿔이 흩어져 있던 가족들이 거실로 모여든다. 난로 앞에 모여 책을 읽거나 체스를 둔다. 식구들이 좁은 거실에 모여 뒹구는 것이 좋다. 불을 조절하는 나는 뭔가 큰일을 하는 대장처럼 행동한다.

정원에서 가지치기한 나무들이 오늘의 땔감이다. 유순하게 불기를 빨아들이는 소나무가 불 마중을 한다. 잘 마른 잔가지를 넣어주면 불이 잘 붙는다. 소나무는 그 목질처럼 유순하게 탄다. 뜨거움도 거실에 골고루 퍼지게 한다. 화사한 꽃을 피우고 열매를 내던 사과나무 가지들은 조용조용 탄다. 동백나무는 단단하지만 다른 나무들이 탈 때 같이 넣으면 적당히 어울려 타는 편이다. 살아있을 때 잎사귀마저 가시로 무장한 호랑가시나무는 그 뼈도 단단하기가 보통이 아니다. 좀체로 불이 붙지 않는다. 가끔은 눈물을 쏙 빼놓게 하던가, 시커먼 그을음을 낸다. 마지막까지 성깔이 보통이 아니다. 다른 장작에 불길이 잘 붙었을 때 넣어 주어야 뒤탈이 없다. 나무가 각기 다른 목질을 가졌듯 타는 모습도 개성들이 있다.

살아서는 푸르고 아름답던 가지들이 이제 뼈로 남아 마지막 쓸모를 다 하기 위해 대기하고 있다가 차례차례 탄다. 벽난로라는 제단에서 숭고한 의식을 치르는 것 같다. 이글거리는 불꽃, 혀를 날름거리는 불꽃, 노란 불꽃, 끊임없이 살아 움직이는 불꽃. 무어라 말해야 할까? 모든 것을 집중해야 타는 불꽃은 흡인력이 막강하다. 어느 쯤에선 그 기세가 두렵다.

너울거리는 불꽃 너머로 아궁이 앞에 앉아 있는 한 아이를 본다. 아이는 부지깽이를 들고 땔나무를 뒤적이고 있다. 솔가리 위에 화아하고 덧일어나는 노간주나무의 불꽃을 보며 그 맹렬한 기세에 도취해 밥이 타는 줄도 모르고 있다. 눈동자에 어리어 이글거리는 불꽃.

아이는 아궁이의 불길을 바라보며 무엇을 생각하고 있었을까? 액운을 다 태워 한 점 재로 변하여 허공으로 날아 흩어지는 소짓장. 타오르는 불길에서 소짓장을 사루는 어머니의 소망을 읽었던가?

혹은 인류에게 금지된 불을 훔쳐다 주었다는 프로메테우스 이야기를 생각하고 있었을까? 타오르는 불을 보며 잊혔던 유전자의 본능이 일깨워져 먼먼 원시의 조상들을 대면하고 있었던 것일까? 어둠과 두려움을 물리치는 불, 불을 가진 인간을 동물들도 두려워하게 되었다. 사냥한 고기를 익혀 먹게 되고, 동굴에서 추위를 피하던 벌거숭이들이 혹한의 땅에서도 살아갈 수 있게 되었다. 불을 다룰 줄 알게 된 인간은 더 이상 신을 두려워하지 않았기에 그 단초를 제공한 프로메테우스는 쇠사슬에 묶여 간을 쪼이게 된 천형을 받게 되었을 것이다.

나무가 타는 것은 사실 나무가 타는 것이 아니다. 열기에 의해 나무가 기체화되고 그 기체가 타는 것이니 탈화가 아닌가. 나무는 실체가 없어지지만, 사실은 없어지는 것이 아니다. 사람이 죽어도 죽는 것이 아니라는 것을 생각해 본다. 육신이 혼신을 다해 집중해서 살아갈 때만 영혼이 승화할 수 있다는 것을 말해 주는지도 모르겠다. 불꽃을 보면 정신도 바짝 마른다.

우리들의 사고 체계에도 가끔 불을 지를 필요가 있겠다. 벽난로에 불을 넣는 날은 집 안에 있는 종잇조각들도 태우며 잡념과 근심을 태우는 날이기도 하다. 제때 버리지 않는 습관은 득보다 실이 많은 것 같다. 은행에서 온 월별 보고서, 오래된 영수증, 인적사항이 적힌 종이 등 찾아보면 태울 것이 많기도 하다. 벽난로에 불을 넣는 날은 작심하고 이런 것들을 정리한다. 잡다한 것을 태워 버리는 불꽃을 보면 마음도 한결 가벼워진다. 오래된 것을 비워야 새로운 것이 들어올 여지가 생기지 싶다.

벽난로에 불을 지피는 의식의 마무리는 감자를 구워내는 일이다. 주전자에선 찻물도 끓는다. 쿠킹호일에 감자와 고구마를 싸서 잉걸에 던져 놓고 기다리는 동안, 작은 것이 주는 현실의 행복을 느낀다. 아이들은 코를 킁킁거리며 감자가 익는 냄새를 맡는다. 드디어 감자를 개봉한다. '맛있다.'로 시작된 대화는 끊기고 가족들이 감자를 먹는 소리만 들린다. 고구마를 베어 문 입안에 단맛이 가득하다. 뜨거운 고구마를 삼키며 다시 생각의 불을 지핀다.

정동순 수필집

어머, 한국말 하시네요

인쇄 2018년 12월 10일
발행 2018년 12월 15일

지은이 정동순
발행인 서정환
펴낸곳 수필과비평사
주소 서울시 종로구 삼일대로 32길 36(익선동 30-6 운현신화타워 빌딩) 305호
전화 (02) 3675-3885, (063) 275-4000 · 0484
팩스 (063) 274-3131
이메일 sina321@hanmail.net essay321@hanmail.net
출판등록 제300-2013-133호
인쇄 · 제본 신아출판사

ISBN 979-11-5933-195-4 03810
값 13,000원

이 도서의 국립중앙도서관 출판예정도서목록(CIP)은 서지정보유통지원시스템 홈페이지(http://seoji.nl.go.kr)와 국가자료공동목록시스템(http://www.nl.go.kr/kolisnet)에서 이용하실 수 있습니다.(CIP제어번호: CIP2018040341)

Printed in KOREA